La Virtud del amor

La virtud del amor.

Luis Alberto Jiménez®

Primera edición: Agosto 2024.

Portada: Luis Alberto Jiménez.

Diseño editorial: Somos Pergamo.

Editor: Taller Libera tu Escritura by Germán Jiménez Morales.

Se prohíbe la reproducción total o parcial de la presente obra, sin la expresa autorización por escrito del autor, Luis Alberto Jiménez.

La **Virtud** del **amor**

Cinco manifestaciones del amor para vivir en plenitud

COLECCIÓN 12 VIRTUDES PARA UNA VIDA PLENA Y ABUNDANTE

Luis Alberto Jiménez

ÍNDICE

Introducción..9

Capítulo 1. Definiciones..25

Capítulo 2. Primera manifestación: El Amor Eros....................41

Capítulo 3. Segunda manifestación: El Amor Filial....................61

Capítulo 4. Tercera manifestación: El Amor Storage..................75

Capítulo 5. Cuarta manifestación: El Amor Fileo/Storage............93

Capítulo 6. Quinta manifestación: El Amor Ágape...................107

Capítulo 7. La raíz de todos los males: El Amor al Dinero..........123

Capítulo 8. Los padres: Sembradores de Amor en la Familia........129

Capítulo 9. El legado: Generación en decadencia....................139

Capítulo 10. A vivirlo: La Virtud del Amor
se prueba en el día a día...149

Reflexión final...157

Presencia eterna..170

Agradecimientos..173

Reconocimientos..177

El autor..183

Anexo..185

Próximo libro: La Virtud del Gozo....................................193

Bibliografía..195

Introducción

APRENDÍ

a expresarles amor a mis padres.

Concluir este libro no ha sido fácil. Y no por la complejidad del mismo ni por falta de recursos, sino porque escribirlo me ha llevado a cuestionar mi conducta, creencias y valores. Lo escribí más buscando llenar mis carencias que para demostrar mi abundancia. No me refiero a la falta de conocimiento, sino más bien al amor como una carencia de valor.

El amor se convierte en un valor en aquellas personas que lo establecen como prioridad en sus vidas y cuando lo viven y aplican en cada uno de sus roles, ya sea como hijos, esposos, padres o ciudadanos.

Hay un árbol que podría simbolizar al ser humano: El árbol de goma. No es muy común encontrar uno de ellos, pero cuando lo encuentras, lo identificas por las muchas cicatrices en su corteza. Estas heridas han sido producidas por personas para extraer su savia, la cual, al secarse, se convierte en goma. Nosotros la usábamos para hacer balones de fútbol, no profesionales, pero satisfacían la necesidad.

¿Por qué hago esta comparación?

Resulta que los seres humanos, al igual que el árbol de goma, llevamos en nuestro cuerpo, en nuestra mente y en nuestros corazones las marcas de heridas, producidas por padres, cónyuges, hijos o personas cercanas. Esas marcas se hacen visibles a través de traumas o experiencias contadas. Todas son un manojo de experiencias vividas a lo largo de nuestro existir. La mayoría de las marcas provienen de la falta de amor, se repiten y transfieren de generación en generación por no haber sido satisfechas.

A mi mente llega un recuerdo. Tengo unos ocho años. Mi casa eran cuatro paredes, con una división elaborada con papel periódico para el único dormitorio. Teníamos dos camas. En una dormía mi madre y mi hermana menor. En la otra, dormíamos mi hermano mayor y yo. Mi papá dormía en la sala, en una hamaca.

Una noche me quedé dormido en el piso de barro de la sala. Mi madre le pidió a mi papá que me llevara a la cama. Yo no estaba completamente dormido, escuché la conversación, pero decidí seguir fingiendo. Mi papá se negó, y nuevamente mi madre le rogó a mi padre que me cargara en sus brazos y me llevara a dormir a la cama.

-*Es un niño. Es tu hijo* -le comentaba mi madre.

-*¡No! Que se levante y se vaya a la cama* -le volvió a responder mi padre.

-*Hijo, vete a dormir a la cama* -me dijo mi madre, tocando suavemente mi hombro.

Así lo hice, y esa escena se quedó eternizada en mi mente. Mi padre nos amaba, no lo dudo, pero no manifestaba su cariño con gestos o palabras de afecto.

Yo fui un niño poco expresivo. Nunca escuché a mis padres decirme "Te amo", ni recibí un abrazo o un beso de parte de ellos, al menos que yo recuerde. El primer cumpleaños que me celebraron fue a los treinta años, y esa sorpresa vino de quien hoy es mi esposa.

Al escribir esto, se me llenan los ojos de lágrimas. No por reproche a mis padres, ya que ellos luchaban día a día para llevar a nuestra mesa lo básico: Maíz y frijoles.

Nunca preguntábamos "¿Qué hay de comer?" Conocíamos el menú y sabíamos de antemano qué íbamos a desayunar, almorzar, cenar y hasta el postre. En la actualidad, mis hijos no saben qué escoger para comer y en el refrigerador no cabe ni un alfiler, aunque no veo por qué debería haber uno allí.

En el proceso de escribir este libro, aprendí a expresarles el amor a mis padres. Ya adulto, casado y con hijos, tomé conciencia de la necesidad de manifestarles mi aprecio, agradecimiento y amor. Empecé con mi madre, porque para la mayoría de los hijos es más fácil expresar el amor hacia ellas.

-*Mamá, te amo*... Las primeras veces que intenté decírselo en las llamadas iniciales me fue muy difícil. Hablábamos de todo, menos de eso. Al terminar de charlar me reprochaba por no haberle expresado mis sentimientos.

-*Teamo* -le dije a la siguiente vez, a una velocidad supersónica.

-*Te amo*, mamá -le expresé más adelante.

-*Mamita linda*, TE AMO -alcancé luego a expresarle, en un momento en el que ya no quería parar de repetírselo.

-*Hola, mamita linda, ¿cómo estás?* -le digo ahora.

-*Te amo mucho. Que Dios te bendiga* -le expreso en nuestra despedida.

Dejar fluir mis emociones me ha llevado a que, en ocasiones especiales, le envío flores a mi madre, un gesto que es recíproco por parte de ella. Estos logros fueron posibles gracias a la ayuda que recibí en todo momento de mi esposa.

-*Te amo, papá* -esta expresión se me quedó atorada en la garganta durante casi un año.

-*Papá, te quiero mucho. Que Dios te bendiga. Cuídate* -pude finalmente decirle cuando estaba terminando este libro.

LA VIRTUD DEL AMOR

¡Guau! ¡Lo logré!

El amor, como una virtud, es parte fundamental de nuestra vida. Debe estar presente en cada área y en nuestros distintos roles. He sido una persona que se ha entregado de lleno a dar, no tanto en abundancia, sino desde el sacrificio.

Me explico. Muchas personas dan de lo que tienen en abundancia, y eso está bien. Cuando se trata del amor, es necesario tenerlo en abundancia para poder darlo también de manera abundante. Pero, si no tienes amor propio, entonces estás en negativo. Es como si estuvieras regalando dinero o cosas con tarjetas de crédito sin tener la capacidad de pagar después. Nada de lo que das es realmente tuyo.

Cuando damos aquello de lo que carecemos, estamos buscando la aceptación de otras personas para llenar nuestro amor propio. Recuerdo capítulos de mi vida en los que no me sentía valorado y preguntaba: "¿Quién soy yo para escribir un libro sobre el amor?".

-*Oye, dime qué dice la virtud del amor* -me preguntaba mi esposa cuando me veía desalentado.

-*Que debo amar a Dios* -le respondía, levantando la cabeza. *Que debo amar a mi prójimo.*

-*¿Cómo a quién?* -me preguntaba ella.

-*Como a mí mismo.*

Muchas personas creen que deben primero amar a medio mundo, pero no se aman a sí mismas, cosa que yo antes pensaba. ¿Cómo se puede dar de lo que no se tiene? Mendigamos de lo que carecemos.

Reflexiones como estas me ayudaron a encontrar la determinación para escribir este libro, cuyos elementos principales están recogidos, en sentido metafórico, en la siguiente parábola.

La Vaquita Virtud y Toro.

En una pequeña granja escondida entre verdes montañas, vivía una vaquita llamada Virtud. Su piel era blanca como la nieve, con pequeñas manchas negras que resaltaban en todo su cuerpo.

Desde muy pequeña, Virtud se ocupaba de los demás animales. Era muy inquieta y valiente. Las circunstancias la llevaron a ser así. Creció en un ambiente difícil, en medio de una guerra civil y con la ausencia de una figura paterna. Su padre falleció a los pocos meses de su nacimiento. Su madre, esforzada y luchadora, aunque siempre ausente debido al compromiso de proveer y sostener a toda su familia, pasaba constantemente fuera de casa.

Desde pequeña, Virtud fue muy independiente y estaba siempre dispuesta a velar por el bienestar de su familia y amigos. En cierta ocasión se enfrentó a un leopardo, uno de los cazadores más temidos de aquel valle, para salvar la vida de una pequeña oveja que yacía en las garras del felino. Aunque logró espantar al leopardo, quedó muy herida. Su abuela, siempre pendiente de ella, se encargó con mucho amor de su recuperación.

Su niñez pasó muy rápido, llena de escasez y con muchos retos. Aunque experimentó momentos buenos, sobreabundó el sufrimiento, al tener que asumir responsabilidades y ayudar a su madre con el arduo trabajo. Virtud recorría grandes distancias, escalaba montañas, cruzaba ríos y hasta trepaba a los árboles para conseguir sustento.

En una ocasión, subió a un árbol muy alto cerca de su establo para alcanzar una fruta, pero ya no pudo bajar. El fuerte viento mecía de un lado a otro la rama a la cual se aferraba fuertemente.

-*¡Abuela! ¡Abuela!* -gritaba con todas sus fuerzas, presa del miedo de no poder bajar.

La abuela la escuchó, por su avanzada edad buscó ayuda y la encontró en una jirafa.

Casi sin darse cuenta, Virtud llegó a la adolescencia y su cuerpo empezó a cambiar. Todos los animales lo notaban, incluyendo a los toros más jóvenes. Aquella vaquita se esforzaba por hacer realidad lo que se proponía y su familia era bendecida por sus talentos y dones. Ella sentía que era su responsabilidad ayudar a su familia, considerando que había sido muy favorecida por su valor y determinación.

A veces hacía cosas que no le gustaban, porque iban contra sus valores, pero el sentido de obligación predominaba. A medida que crecía, sus dones y talentos se hacían más evidentes. Su madre y hermanas hacían buen uso de su blancura, pero detestaban sus manchas y se lo hacían saber cada vez que podían o cuando Virtud cometía algún error o no hacía lo que ellas querían.

A punto de terminar su adolescencia, Virtud conoció a Toro y se enamoró ciegamente de él. Para ella, él era perfecto y su amor no le permitió ver sus manchas. Formaron una familia y nacieron sus primeros y bellos hijos, Pinto y Soñador.

El primero se parecía mucho a ella, pues era blanco, con pequeñas manchas en todo su cuerpo. Eso a Virtud no le importó, porque igual lo veía hermoso y perfecto. Cuando alguien menospreciaba a su hijo, a causa de sus manchas, ella sufría. No podía creer que no lo aceptaran como era.

Culpa y Duda eran dos vacas que actuaban conforme a sus apodos. Ambas tuvieron hijos totalmente blancos, un atributo que les sirvió para alardear de sus pequeños. Sin embargo, a medida que sus hijos crecían, les aparecieron las primeras manchas. Entonces, sus madres negaban esa realidad y pintaban las manchas para que los demás animales de la granja no las vieran. Tan compleja se volvió esa tarea, que tuvieron que fabricarles a sus hijos atuendos blancos para evitar el juicio de los demás.

Virtud se esforzaba incansablemente para proveer todo aquello que a ella le había sido negado: amor, apoyo y protección. Culpa y Duda le exigían que velara por ellas y sus hijos, argumentando que había sido la más favorecida por la buena suerte. Cada vez que algún animal de la granja se metía en problemas, Virtud lo salvaba. Si se negaba a hacerlo, era juzgada como insensible y culpable de sus desgracias.

Una época de sequía azotó la granja durante siete años.

LA VIRTUD DEL AMOR

Cada día era una lucha para obtener los alimentos. Virtud tenía que conseguir comida para ella y para los otros animales del establo, quienes, a pesar de las circunstancias, cada vez se volvían más exigentes.

Cierto día, mientras buscaba alimento, un voraz incendio se desató debido a la extrema sequía. Al divisar el humo a lo lejos, Virtud tuvo un mal presentimiento y corrió desesperadamente, pensando que todos estaban en peligro, especialmente sus dos pequeños que eran cuidados por la abuela. Al llegar a la granja, las llamas cubrían todo el establo.

-*¿Y mis hijos? ¿Dónde están mis hijos?* -preguntó desesperada Virtud.

-*No sabemos, no podemos estar pendientes de tus hijos, tenemos también los nuestros* -le respondieron a modo de excusa Culpa y Duda.

-*Creo que están adentro, junto con tu abuela* -le comentó llorando Oveja, su mejor amiga, quien estaba petrificada por el miedo.

-*¡Perdona mi cobardía, pero no he tenido el valor de entrar para salvarlos!* -confesó Oveja.

Virtud tomó una frazada, la empapó en agua, se la puso sobre el lomo y se lanzó al interior del establo. Apenas sí podía respirar, pero el amor por sus hijos y su abuela la llenó de valor. Ellos estaban atemorizados en un rincón, al que logró llegar Virtud. Salvarlos a todos parecía imposible... y la abuela lo sabía.

-Yo ya cumplí mi tarea. Ahora cumple con la tuya -le dijo su abuela con voz muy apagada.

Con los ojos inundados por el llanto, Virtud miró por última vez a su abuela, envolvió con su manto a sus hijos y protegiéndolos con su cuerpo buscó la salida. Aunque avanzaba, no lograba ver nada. Solo escuchaba los balidos de Oveja, que le servían de guía.

De repente, una viga se desplomó y se partió en dos sobre el lomo de Virtud, quien no pudo soportar el impacto y quedó de rodillas. Consciente de que la vida de sus hijos dependía de ella, Virtud ignoró el dolor, cobró fuerza y logró escapar de las llamas.

Exhausta, fue conducida hasta una pequeña cueva que servía de refugio para todos los animales. Durante los próximos 21 días la valerosa Virtud no pudo levantarse, como consecuencia de la gravedad de sus heridas.

Su madre se hizo cargo para que nada le faltara durante su recuperación, pero debía ausentarse para conseguir comida. Su amiga Oveja estuvo siempre a su lado.

-Si Toro estuviera aquí, esto no nos habría pasado -pensaba Virtud.

Pero Toro estaba librando su propia batalla. El dueño de la granja lo había llevado a una exhibición de animales en una feria, que se encontraba a diez días de distancia caminando de ida y vuelta. Antes de marcharse, Toro le hizo la firme promesa a Virtud de que regresaría. Virtud se negaba a aceptarlo, pues conocía los riesgos que había en el camino. Pasaron los diez días y Toro no aparecía.

Pasó un mes y también pasó un año y la vaquita seguía esperando a su amado.

En la granja, Toro era un entrenador de animales jóvenes, a los que les enseñaba cómo comportarse en las ferias para llamar la atención del público. El dueño emprendió la última travesía, con el pleno convencimiento de que ganaría el premio a la granja del año, pues confiaba en el potencial de sus animales y en el cuidado que les brindaba para que lucieran espectaculares.

En la segunda semana del viaje, la caravana fue asaltada por una banda de forajidos mientras acampaban al aire libre, junto a un río. El granjero perdió la vida en su intento por evitar que robaran sus animales, los cuales fueron vendidos luego en el mercado más cercano.

Toro fue vendido a un granjero de mal aspecto por un precio muy inferior a su valor, ya que el comprador sabía que los animales eran robados. Su nuevo hogar era un sitio descuidado, en el que lo pusieron a trabajar como un animal de carga. Tenía que arar la tierra y recolectar la cosecha halando una carreta. Apenas le daban lo necesario para comer y sufría mucho, ya que no estaba acostumbrado al trabajo duro.

-Mira dónde estás ahora, en peores condiciones que nosotros, que nunca tuvimos entrenamiento -le decían en tono de burla los otros animales, a los que al comienzo Toro les había presumido lo que él era... o había sido.

Alentado por el recuerdo de su amada Virtud y sus dos pequeños, Toro mantenía viva la esperanza de que algún día las cosas cambiarían.

Un domingo, mientras pastaba en una hermosa pradera junto a un río, una banda de chacales se aproximó con la intención de devorar el mayor número posible de ovejas. Toro, al ver sus malvadas intenciones, corrió velozmente para enfrentarlos. Luchó con todas sus fuerzas, pero debido al número de chacales, fue empujado hacia un acantilado. Cayó sobre las aguas frías del río y fue arrastrado hasta una cascada, quedando inconsciente y gravemente herido.

Despertó, agonizante, en la orilla del río. Y antes de volver a perder la conciencia, recordó, con lágrimas en sus grandes ojos negros, la promesa que le había hecho a Virtud.

Al día siguiente, volvió a la realidad por los fuertes ladridos de un perro pastor que alertaba a su dueño de la presencia del moribundo semental. Toro fue arrastrado por dos fuertes mulas hasta una pequeña granja donde le dieron los cuidados necesarios para que recuperara su salud.

Aquella era una nueva luz de esperanza. Toro agradeció el gesto de amor y compasión del granjero y se esforzó para compensarle sus buenas acciones. Siempre pensaba en su vaquita, Virtud, y en sus hijos, Pinto y Soñador, con quienes se visualizaba viviendo en esta hermosa granja que tanto amparo y protección le ofrecía.

Cada día, por las tardes, Toro se paraba junto al camino a la orilla de la granja, y se dedicaba a divisar el horizonte. El granjero comprendía el deseo de Toro de marcharse en busca de algo o alguien a quien amaba. Por ello, un día le abrió las puertas del establo y le indicó con gestos a Toro que era libre.

Toro emprendió la marcha y varias veces giró su cuello para volver a mirar la granja, de la que ahora se iba definitivamente.

Un día, muy temprano, toda la granja de Virtud estaba alborotada. Los perros ladraban y los gallos cantaban, no de dolor, sino de emoción: ¡Toro había regresado!

Al llegar, lo primero que hizo Toro fue preguntar por Virtud, a cuyo encuentro lo condujo Oveja. Vio en tan lamentable estado a su esposa, que lloró amargamente y le pidió perdón por haberla abandonado.

Tan pronto como Virtud se recuperó, Toro organizó la travesía hacia aquel nuevo hogar que les esperaba. El camino se les hizo corto, ya que por fin estaban juntos. El nuevo lugar era como un paraíso. Aunque al principio no todo fue fácil, ya estaban todos juntos como familia, solía decir Virtud.

Virtud nunca se olvidó de su abuela y de su amiga Oveja. Dejó a un lado todo resentimiento y se llevó consigo a todos los animales, incluso a los que le habían hecho daño. Cada vez que solicitaban su apoyo, ella volvía a ayudarles, esforzándose para proveerles pastos para que ellos y sus familias estuvieran bien.

Toro, por su parte, estaba muy feliz y eso lo alentaba a esforzarse para sacar adelante a su familia. Inclusive formó su propia escuela para enseñar a los animales cómo descubrir y desarrollar sus talentos para salir adelante en la vida.

Para Virtud, aquella granja era como el cielo. Un año más tarde, llegó un nuevo miembro a la familia, una hermosa vaquita a la que llamó Esperanza, porque fue la esperanza la que los sostuvo en los momentos más difíciles.

A manera de reflexión, digamos que la historia de Virtud y Toro nos enseña que, a pesar de las adversidades, el amor, la perseverancia y la solidaridad pueden superar cualquier obstáculo, y que siempre hay un nuevo comienzo para aquellos que no pierden la esperanza.

El Amor Eros cegó a la vaquita Virtud a ver las manchas de Toro.

El Amor Filio hacia su amiga Oveja le enseñó la importancia de la lealtad y la tolerancia, permitiéndole amar y ayudar a su amiga a pesar de sus debilidades.

El Amor Storge demostró que el amor familiar tiene el poder de transformar y sanar, y que nos lleva hasta cubrir las faltas de los hijos.

El Amor Ágape, el amor de Dios, no cubre las manchas, sino que las borra y se olvida de ellas. Es un amor puro e incondicional que transciende, capaz de dar su vida en rescate de todos.

La parábola de la vaquita Virtud nos enseña dos cosas claves: La primera, que el amor verdadero no consiste en ignorar las manchas de los demás, sino en ser conscientes de que todos las tenemos. Y la segunda, que, en lugar de juzgar a las personas, es mejor aprender a sobrellevarlas.

¡Bienvenido a La Virtud del Amor!

Esta obra ha sido creada para ayudarte a transformar tu vida, descubriendo y cultivando el amor en sus distintas formas. Sus páginas son como la hoja de ruta de un viaje al corazón de una de las virtudes más poderosas y esenciales.

Juntos vamos a explorar el amor como fuerza vital que conecta, restaura, transforma y lleva tu existencia a otro nivel. Aprenderás desde el amor apasionado y ardiente hasta el amor incondicional y desinteresado y sus impactos en las diversas .áreas de tu vida.

Inspírate en las historias del Amor Filial, en la dedicación y sacrificio del Amor Storge, y en la belleza del Amor Ágape. Cada relato, cada reflexión en este libro es un recordatorio del poder transformador del amor.

Con un lenguaje sencillo y accesible, este libro te ayudará a comprender el amor, paso a paso, desglosando conceptos complejos y presentándolos de manera clara y práctica.

La Virtud del Amor trasciende la teoría y se convierte en una herramienta práctica, que puedes aplicar en tu día a día. A través de historias, ejercicios, reflexiones y ejemplos concretos, te invito a cultivar y fortalecer esta virtud en tu vida, para que logres experimentar una transformación personal y espiritual, que a la vez te permita mejorar tu relación con quienes te rodean.

¡Sumérgete en este viaje con el corazón abierto y la mente dispuesta a aprender y crecer!

Tu vida está a punto de ser tocada por La Virtud del Amor de maneras que jamás imaginaste.

Esta obra es la puerta de entrada a la colección 12 virtudes para una vida plena y abundante, una serie diseñada para ser vivida plenamente, pues dejará una huella imborrable en tu mente, alma y espíritu.

Cada virtud que explorarás en los volúmenes siguientes es un peldaño más hacia la cima de una vida marcada por el bienestar y la prosperidad.

12 virtudes para una vida plena y abundante:

1. El Amor.
2. El Gozo.
3. La Paz.
4. La Paciencia.
5. La Benignidad.
6. La Bondad.
7. La Fe.
8. La Mansedumbre.
9. La Templanza.
10. La Justicia.
11. La Gracia.
12. La Prudencia.

Capítulo 1

DEFINICIONES.
¿Qué es el amor?

¿Alguna vez te has preguntado qué es el amor y por qué es tan indispensable para los seres humanos?

En este capítulo, nos adentraremos y exploraremos el fascinante tema del amor, una virtud que nos une, nos restaura y nos lleva a otro nivel de existencia. A través de palabras sencillas pero llenas de significado, exploraremos cómo el amor toca cada aspecto de nuestras vidas y lo transforma.

Aprenderás acerca del Amor Eros, esa pasión ardiente que enciende corazones y despierta el alma.

Hablaremos del amor Filial, ese lazo inquebrantable que se forma entre amigos, un vínculo que sobrevive al paso del tiempo y las adversidades.

Reflexionaremos sobre el Amor Storge, un afecto profundo y cálido que prevalece más allá de la pasión y la atracción, un amor que protege, instruye y se sacrifica por aquellos a quienes cuida.

Y finalmente, nos elevaremos con el Amor Ágape, un amor incondicional y desinteresado que va más allá de lo humano y nos conecta con lo divino, un amor que es la esencia misma de Dios.

Este libro no se enfoca únicamente en el romance, aunque no hay nada malo en ello. Aquí abordaré el amor como una virtud fundamental, explorando sus características, cualidades y los beneficios inmensos que aporta a nuestro ser, a nuestras vidas, y a la humanidad en su conjunto. Examinaré el concepto del amor desde diversas perspectivas: Las interpretaciones de la cultura griega, las enseñanzas de la Biblia, los descubrimientos de la neurociencia y su aplicación en el campo del coaching personal.

Comencemos con las definiciones.

El amor, ese enigma universal, se percibe desde innumerables perspectivas. Para algunos, es una emoción; para otros, un sentimiento profundo. Algunos lo consideran una norma moral, mientras que otros lo ven como una ley natural. Como concepto, el amor se presenta de maneras muy diferentes según la mirada de un escritor, una madre o incluso de Dios.

LA VIRTUD DEL AMOR

¿Y para ti, qué es el amor?

Para ayudarte en tu reflexión, te ofrezco algunos elementos. Kim Grove, más tarde conocida como Kim Casali, fue una destacada dibujante neozelandesa. Nació el 9 de septiembre de 1941 y falleció el 15 de junio de 1997. Es mundialmente conocida por crear la tira cómica "Amor es", que se originó en los años 60 como una serie de notas de amor. En su origen, fueron expresiones personales de amor de Kim hacia su futuro esposo, Roberto Casali, a quien conoció en la ciudad de Los Ángeles, California, en 1967. Con el tiempo, estas tiernas viñetas capturaron el corazón de una generación y se convirtieron en un fenómeno cultural global.

De pequeñas, sencillas y emotivas notas ilustradas que revelaban los matices del amor, las ilustraciones de Kim evolucionaron hacia unos cómics que ganaron popularidad rápidamente, gracias a su sinceridad y sencillez. Estas viñetas, llenas de ternura y simplicidad, reflejan el amor en su forma más pura y genuina.

Si le preguntáramos a un poeta, tal vez nos diría que el amor es la máxima expresión de afecto entre dos almas, una conexión espiritual que trasciende el tiempo y el espacio.

Pero, ¿y si le consultamos a un neurocientífico?

El especialista en el funcionamiento de las neuronas, hormonas y el sistema nervioso podría describir el amor como un conjunto de emociones y sentimientos desencadenados por la liberación de sustancias químicas o descargas de impulsos eléctricos, como la oxitocina, serotonina, dopamina y noradrenalina, todas vinculadas al afecto y la conexión social. Un beso o un abrazo pueden activar estas hormonas, desencadenando sentimientos de confianza y empatía.

Aunque esta definición puede parecer un poco técnica, no deja de revelar la complejidad fascinante del amor desde una perspectiva biológica.

Contemplemos ahora el enfoque bíblico, comenzando por la definición del amor que nos ofrece Juan, el discípulo amado de Jesucristo, quien lo describe como un acto de sacrificio supremo: un padre entregando a su único hijo para salvar a la humanidad, y este hijo, por obediencia y amor, humillándose al extremo para cumplir su misión *(Juan 3:16)*. Aquí, el amor se muestra en su forma más desinteresada y redentora.

En conclusión, el amor puede ser muchas cosas, pero una de las mejores definiciones podría ser que se trata de un conjunto complejo de emociones, comportamientos y creencias asociados con fuertes sentimientos de afecto, protección, calidez y respeto, tanto hacia uno mismo como hacia los demás.

Esta es solo una de las millones de definiciones que existen, entre las cuales, por supuesto, también cuenta la tuya.

La Biblia le asigna al amor una posición de prioridad, considerándolo la base sobre la que se sustentan todas las demás virtudes. Más allá de dones y virtudes, el apóstol Pablo afirma que el amor supera incluso a la fe y la esperanza, sin desmerecer la importancia de estas últimas en el perfeccionamiento del carácter humano y en su función social. El amor es tan fundamental que trasciende las fronteras de lo material. En el cielo, el amor, junto con el gozo, la benignidad y la paz, permanecerán, mientras que las demás virtudes habrán cumplido su propósito aquí en la tierra.

Imagina un mundo donde comprendemos el amor en todas sus formas, un mundo donde cada emoción y conexión tiene su lugar y significado. Pues bien, los antiguos griegos, con su sabiduría y profundidad, nos brindaron este regalo: una guía para entender el amor en su esencia más pura. Ellos lo diseccionaron y lo clasificaron en las siguientes categorías:

- **Eros**: Visualiza la chispa eléctrica del amor romántico, ese fuego ardiente de pasión que nos consume. Eros es el amor que nos hace sentir vivos, un torbellino de deseo y atracción que a menudo nos lleva a la irracionalidad.

- **Filial**: Nos muestra la lealtad y el apoyo inquebrantable entre amigos. Filial es el amor que se encuentra en la igualdad, en la confianza mutua y en la camaradería que compartimos con aquellos que eligen caminar a nuestro lado en la vida.

- **Storge**: Piensa en el calor de un abrazo familiar, en ese amor incondicional entre padres e hijos, hermanos y hermanas. Storge es el amor que nos arraiga, nos da seguridad y forma la base de nuestras primeras experiencias emocionales. Es el jardín donde nuestros valores son cultivados.

- **Ágape**: Nos muestra un amor que trasciende lo natural, que abraza a la humanidad y a la naturaleza espiritual. Ágape es el amor sobrenatural, la compasión y la bondad desinteresada que nos eleva y nos conecta con algo más grande que nosotros mismos.

Los griegos identificaron estos tipos de amores y nos abrieron una ventana para comprender mejor nuestras relaciones más profundas, enriquecer nuestras vidas y las de quienes nos rodean.

¡Explora estos caminos del amor y descubre lo rica y plena que puede ser tu vida!

Matices de la Virtud del Amor.

1. **Amor como la Naturaleza de Dios**: "El que no ama, no ha conocido a Dios, porque Dios es amor." *(1 Juan 4:8)*. El amor es una cualidad esencial de Dios, sugiriendo que conocer a Dios implica conocer y practicar el amor en su forma más pura y desinteresada. Es el reflejo más profundo de su carácter, la esencia que nos invita a acercarnos a Él y a los demás con un corazón abierto y dispuesto a dar sin esperar nada a cambio.

2. **Amor como Mandamiento Supremo**: "Amarás al Señor tu Dios con todo tu corazón, con toda tu alma y con toda tu mente. Este es el primero y gran mandamiento. Y el segundo es semejante:

Amarás a tu prójimo como a ti mismo." *(Mateo 22:37-39)*. Jesús resume toda la ley de Dios en estos dos mandamientos, subrayando la importancia del amor hacia Dios y hacia los demás, tanto como el amor propio. Aquí se nos llama a un amor que es total y completo, un amor que abarca cada fibra de nuestro ser y se extiende hacia los demás con la misma intensidad.

3. **Amor sacrificial y desinteresado**: "Nadie tiene amor más grande que este, que uno ponga su vida por sus amigos." *(Juan 15:13)*. Este versículo refleja el amor en su forma más alta: el sacrificio por el bienestar de otros. Nos enseña que el verdadero amor no se mide por lo que recibimos, sino por lo que estamos dispuestos a dar, incluso nuestras propias vidas si es necesario.

4. **Amor en acción y verdad**: "Hijitos míos, no amemos de palabra ni de lengua, sino de hecho y en verdad." *(1 Juan 3:18)*. El amor verdadero se manifiesta en acciones concretas y honestas, no solo en palabras. Amar en verdad significa demostrar ese amor a través de nuestras acciones diarias, siendo sinceros y auténticos en nuestra entrega a los demás.

5. **Amor como perdón y tolerancia**: "Sobrellevad los unos a los otros, y perdonaos unos a otros, si alguno tiene queja contra otro. De la manera que Cristo nos perdonó, así también hacedlo vosotros." *(Colosenses 3:13)*. Aquí, el amor se muestra en la capacidad de tolerar y perdonar a

los demás, imitando el ejemplo de Jesús. Es un amor que entiende las debilidades humanas y elige el perdón como un acto de liberación y paz interior.

El amor no es solo un sentimiento; es una acción, una decisión y una forma de vida que refleja la naturaleza de Dios extendida a los demás en múltiples formas. Se manifiesta en actitudes y valores como el sacrificio, la compasión, la tolerancia, el perdón, la misericordia y la gracia. Pero el amor también es una receta, que tiene sus componentes químicos.

Fórmula del Amor.

En su esencia más pura, el amor sigue una fórmula compleja y casi mágica que se teje en el laboratorio secreto de nuestro cuerpo. Imagina un intrincado baile de elementos, cada uno con su papel único, danzando al ritmo de la música de nuestras emociones, pensamientos y experiencias. Este baile es dirigido por un maestro de ceremonias invisible, un alquimista que conoce los secretos más profundos del corazón humano y de nuestra biología.

Este alquimista utiliza como ingredientes indispensables los neurotransmisores y hormonas, que orquestan la química perfecta del amor, indispensable para nutrir nuestras relaciones en todos los ámbitos, roles y etapas de nuestra vida. La dopamina, serotonina, oxitocina, vasopresina, endorfinas y norepinefrina son los protagonistas de esta danza, cada uno aportando su nota única al concierto de nuestras emociones.

La dopamina es la chispa inicial, el primer destello de fuego que enciende la pasión y el deseo, mientras que la serotonina actúa como el ritmo constante que nos hace obsesionar y anhelar la presencia del otro. La oxitocina y la vasopresina, como abrazos cálidos en una noche fría, fomentan el apego y la fidelidad, tejiendo fuertes lazos que perduran en el tiempo. Las endorfinas son el bálsamo que suaviza el dolor y multiplica el placer, y la norepinefrina, como un potente acelerador, mantiene nuestro corazón latiendo con fuerza ante la sola idea del ser amado.

En cada etapa de una relación, desde el vertiginoso noviazgo hasta la intensidad de la luna de miel, en el deleite de la crianza de nuestros hijos y en la profunda conexión de años compartidos, diferentes actores de esta alquimia suben al escenario en mayor o menor medida. Esta precisa orquestación permite que el amor se transforme y madure, adaptándose a los desafíos y gozos de cada etapa.

La importancia y necesidad de estos neuroquímicos y hormonas no pueden subestimarse, pero somos nosotros quienes, en última instancia, hacemos posible que experimentemos amor en sus múltiples formas. Así como un jardín requiere de sol, agua y tierra fértil para florecer, nuestras relaciones necesitan de esta química del amor para crecer saludables y fuertes.

Comprendiendo la fórmula del amor.

Entender esta fórmula no solo nos maravilla ante la complejidad y belleza de nuestras capacidades emocionales, sino que también nos brinda claves para cultivar conscientemente nuestras relaciones, asegurándonos de que el baile nunca se detenga y que la música nunca cese. Así, el alquimista que llevamos dentro puede seguir creando la magia del amor, día tras día, año tras año.

Esas mariposas que sentimos en el estómago cuando estamos enamorados responden a un juego de alquimia interior, en el que intervienen neurotransmisores y hormonas que le dan vida a las pasiones más ardientes y a los profundos vínculos emocionales.

Veamos cada uno de esos actores, con los respectivos beneficios que aportan a nuestras vidas.

- **Dopamina**: Este neurotransmisor es el combustible de la emoción y el deseo. Su liberación nos llena de felicidad y placer, especialmente en las primeras etapas del enamoramiento, impulsando nuestro entusiasmo y motivación por estar con la persona amada. La dopamina nos ayuda a sentirnos eufóricos, llenos de energía y optimismo, características esenciales para forjar conexiones amorosas profundas.

    o **Su rol**: Asociada con el sistema de recompensa, placer y motivación. Involucrada en la atracción y el "amor romántico".

- **Efecto/Sensación**: Euforia, deseo, adicción.

- **Bienestar Asociado**: Sensación intensa de felicidad y excitación.

- **Tiempo de Activación**: Segundos a minutos.

- **Tiempo de Duración**: Horas a meses y disminuye sin estímulo recurrente.

• **Serotonina**: Aunque durante el enamoramiento los niveles de serotonina tienden a disminuir, lo cual puede hacer que nos sintamos ligeramente obsesionados con nuestra pareja, esta hormona es crucial para mantener nuestro bienestar general. A largo plazo, contribuye a la sensación de felicidad y estabilidad emocional, fundamentales para el desarrollo de relaciones amorosas saludables.

- **Su rol**: Se relaciona con regular el estado de ánimo, la felicidad y la estabilidad emocional, lo que puede influir en la atracción y el apego hacia la pareja.

- **Efecto/Sensación**: Obsesión, pensamiento constante sobre el ser amado.

- **Bienestar Asociado**: Contribuye a sentimientos de bienestar general, aunque en niveles bajos puede aumentar la obsesión.

- o **Tiempo de Activación**: Varía; cambios a lo largo de semanas a meses.

- o **Tiempo de Duración**: Meses a años; se normaliza con el tiempo.

- **Oxitocina**: Conocida como la hormona del amor y el apego, la oxitocina fortalece el vínculo entre las parejas, promoviendo sentimientos de confianza, empatía y conexión. Se libera durante los abrazos, los besos y otros contactos íntimos, y juega un papel crucial en el mantenimiento de relaciones a largo plazo, facilitando la cooperación y el vínculo emocional.

  - o **Su rol**: Hormona del apego liberada durante el contacto físico y las relaciones íntimas. Refuerza el vínculo.

  - o **Efecto/Sensación**: Confianza, reducción del miedo, fortalecimiento del vínculo.

  - o **Bienestar Asociado**: Promueve sentimientos de calma y seguridad.

  - o **Tiempo de Activación**: Segundos a minutos (post contacto físico).

  - o **Tiempo de Duración**: Efectos a largo plazo con vínculos repetidos y sostenidos.

- **Vasopresina**: Similar a la oxitocina en su efecto sobre el apego y la fidelidad, la vasopresina está asociada con el comportamiento monógamo y la formación de fuertes lazos a largo plazo. Esta hormona subraya la importancia de la dedicación y el compromiso en las relaciones amorosas.

    o **Su rol**: Similar a la oxitocina, juega un papel crucial en el apego a largo plazo y la monogamia.

    o **Efecto/Sensación**: Compromiso, comportamientos protectores.

    o **Bienestar Asociado**: Estabilidad emocional y seguridad en la relación.

    o **Tiempo de Activación**: Segundos a minutos (post contacto físico).

    o **Tiempo de Duración**: Largo plazo; reforzado por la continuidad de la relación.

- **Endorfinas**: Estas hormonas del bienestar se liberan en respuesta a la actividad física, el dolor y el estrés, pero también durante los momentos de intimidad y conexión. Las endorfinas nos proporcionan una sensación de calma, felicidad y satisfacción, aliviando el dolor y el estrés, lo que puede fortalecer nuestra conexión emocional con los seres queridos.

- o **Su rol**: Alivian el dolor y aumentan el placer. Se liberan durante el ejercicio, la risa, el contacto físico y el acto sexual.

- o **Efecto/Sensación**: Sensación de bienestar, felicidad, euforia.

- o **Bienestar Asociado**: Reducción del estrés y sensación de paz interior.

- o **Tiempo de Activación**: Inmediato.

- o **Tiempo de Duración**: Variable; efectos pueden durar minutos a horas después del estímulo.

- **Norepinefrina (Noradrenalina)**: Este neurotransmisor está involucrado en la respuesta de "lucha o huida" y se libera en grandes cantidades durante las primeras etapas del amor, lo que provoca el aumento del ritmo cardíaco y la sensación de mariposas en el estómago. Además, mejora la memoria y la atención focalizada en la persona amada, intensificando nuestra capacidad para recordar detalles minuciosos sobre ella.

  - o **Su rol**: Se incrementa en las etapas iniciales del amor, provocando un aumento de la atención, la excitación y la memoria.

  - o **Efecto/Sensación**: Palpitaciones, energía, insomnio.

- **Bienestar Asociado**: Excitación y alerta, aumenta la concentración en el ser amado.

- **Tiempo de Activación**: Segundos a minutos.

- **Tiempo de Duración**: Horas a meses; disminuye sin estímulo recurrente.

Esta información busca proporcionar una visión general y simplificada de cómo diferentes sustancias químicas influyen en las experiencias del amor y el apego. Al comprender estos elementos, podemos aprender a valorar y nutrir nuestras relaciones, asegurándonos de que el amor siga siendo una fuerza poderosa y duradera en nuestras vidas.

Capítulo 2

Primera manifestación.

EL AMOR EROS:

Amor pasional y ardiente.

El Amor Eros, nombrado así en honor al dios griego del amor y la pasión, es un concepto profundamente antiguo. En la mitología griega, Eros era una deidad poderosa, capaz de influir en los corazones de dioses y mortales por igual. Hoy, este término simboliza el amor romántico y la atracción física, siendo ese primer impulso vital que nos hace sentir vivos y nos motiva a conectar con otro ser a un nivel más profundo y físico.

El Amor Eros está intrínsecamente ligado a nuestras emociones y a nuestro sistema nervioso. Recordemos esos días de noviazgo: al ver a nuestro ser amado, nuestra respiración se alteraba, el corazón latía desbocado, la temperatura corporal aumentaba, nuestras mejillas se teñían de rojo, los ojos brillaban como estrellas y el estómago se llenaba de mariposas.

Eros es una fuerza poderosa que influencia nuestro nivel de inteligencia emocional y puede secuestrar nuestra razón. Las decisiones impulsadas por Eros, cuando desbordan los valores y límites, pueden tener un impacto negativo en nuestras vidas, llevándonos a actuar como seres impulsivos, guiados solo por el deseo sexual.

Este tipo de amor se caracteriza por una intensa atracción física, sexual e instintiva. Es el amor efímero de los inicios, donde cada momento se idealiza, mezclando deseo y atracción. La pasión que impulsa a Eros activa un torbellino de emociones, semejante a una estrella fugaz: brillante y efímera, pero dejando huellas imborrables en la mente y el corazón de las personas involucradas.

Cuando el deseo y la pasión intensa del Eros están presentes, la razón se vuelve ausente, arrastrándonos a decisiones y actuaciones irracionales. Eros puede enloquecernos, cegar nuestro entendimiento y volvernos sordos a la verdad que para otros es obvia. En su búsqueda egoísta de satisfacción, todo lo demás pierde sentido. Como una droga, proporciona un placer momentáneo que pronto exige más, hasta que nada es suficiente.

La fuerza de Eros es comparable a la de un volcán: necesita expresar toda esa energía contenida en su interior. El Eros sin valores, principios o normas puede ser destructivo como un ciclón, arrasando todo a su paso y dejando solo desastres. Un Eros sin límites solo busca su propia satisfacción, sin importar las consecuencias.

Sin embargo, no podemos condenar al Eros, pues desempeña un papel esencial y vital en nuestra existencia. Sin él, no existiría la atracción. Sin atracción, no habría razón para buscar satisfacer nuestras necesidades físicas y emocionales. Eros es el llamado de la naturaleza que nos insta a perpetuar la especie, siendo la reproducción la única manera de asegurar nuestra continuidad en el mundo.

El Amor Eros, en su esencia más pura, es una llama que arde con intensidad y deseo. Es un amor que, aunque a menudo resulta efímero, marca profundamente a quienes lo experimentan.

Eros, en su forma más liberada, puede ser un amor que consume y domina, llevándonos a actuar impulsivamente. Es un amor que, en su búsqueda de satisfacción inmediata, a menudo ignora las consecuencias a largo plazo. Sin embargo, esta búsqueda apasionada también tiene su belleza, ya que revela la profundidad de nuestros deseos y emociones humanas.

A pesar de su naturaleza a veces tumultuosa, Eros es también un catalizador para el crecimiento y la autoexploración. Nos empuja a navegar en los confines de nuestra pasión y a entender mejor lo que realmente valoramos en nuestras relaciones y en nosotros mismos. En este sentido, Eros puede ser un maestro, aunque a veces se torna severo para enseñarnos la complejidad del corazón humano.

Es importante reconocer que Eros, aunque poderoso, es solo una etapa del amor. Existen otras formas de amor, igualmente valiosas, que ofrecen una conexión más profunda y duradera. El amor en todas sus formas es esencial para la experiencia humana, y Eros, con toda su intensidad y pasión, es una parte vital de ese espectro.

Aunque solemos ver el enamoramiento como algo súbito, la verdad es que tiene sus etapas.

Lo primero es la socialización. Ese contacto inicial, el conocerse superficialmente, las primeras conversaciones y el intercambio de información personal. Durante esta etapa, se descubren las preferencias, gustos, hobbies y hábitos del otro. Se producen intercambios de miradas y conversaciones intensas, acompañadas de contacto físico, como abrazos y besos. Aquí es donde comienza a manifestarse abiertamente el Amor Eros, con una fuerte atracción y un deseo intenso por estar, día y noche, con la persona amada. Esta necesidad de contacto físico marca un punto donde la emoción predomina sobre la razón. Sin el establecimiento de normas, principios y límites, este enamoramiento puede evolucionar hasta el acto sexual.

El Amor Eros se manifiesta abiertamente en la etapa del enamoramiento, especialmente en parejas que quieren unirse para formar un hogar. Este tipo de amor tiene sus propias etapas, que clasifico como: la búsqueda, la observación, la selección, la atracción y la satisfacción.

Durante la búsqueda y observación, contemplamos a las personas a nuestro alrededor de manera desinteresada, fijando temporalmente nuestra atención en aquellas que nos resultan físicamente atractivas.

En la selección, encontramos a alguien que, según nuestro criterio, cumple con los requisitos de nuestros deseos y necesidades. Tal elección no depende solo de quien elige, porque también cuenta, por supuesto, el pensar y sentir de quien desea ser elegida, pues se trata de responder a las mutuas necesidades e intereses.

En la etapa de atracción, se emplea una combinación de lenguajes visual, verbal, auditivo y kinestésico. Este proceso comienza con miradas y gestos, seguido de palabras y atención plena. A lo largo de todo el intercambio, el lenguaje kinestésico juega un papel crucial, expresando sentimientos a través de emociones, movimientos, cambios fisiológicos y secreción hormonal que reflejan la intensidad de los sentidos. Tras encontrar y conocer superficialmente a la persona de interés, quien parece ser la adecuada e ideal según los primeros análisis, es en este punto donde empieza a intensificarse el Eros.

En las etapas iniciales del conocimiento y la socialización, se comienza a conocer superficialmente al otro, progresando gradualmente, aunque no profundamente, gracias a la información que se comparte en las conversaciones. Generalmente, se destacan las cualidades y habilidades que pueden interesar al otro, mientras se ocultan los defectos, vicios y manías, o como se diría en Latinoamérica, las "mañas".

A menudo, parece que la atracción física es la primera etapa del Eros, donde ves a una persona y sientes una atracción inmediata, comúnmente expresada como "Cupido me flechó" o "me enamoré a primera vista". Sin embargo, lo que el Eros realmente busca es satisfacer o cubrir una necesidad, ya sea de aprecio, aceptación, o en esencia, la necesidad de ser amado.

El Eros es ese momento en el que deseamos poseer a la otra persona y estar con ella todo el tiempo. Como mencioné anteriormente, el Eros es ciego y sordo a lo que para otros es obvio, filtrando lo negativo del ser amado. Solo ve lo que necesita ver de acuerdo con la intensidad de su necesidad, ignorando los defectos del otro, que, después de mucho tiempo de relación y una vez satisfecha la necesidad del Eros, se harán visibles de manera amplificada.

El Eros es sordo y necio, no escucha ni atiende los consejos y observaciones de los demás sobre la persona con la que se inicia esa relación, centrando su atención solo en las virtudes del ser amado. Es igualmente irracional. Desdeña la razón para mirar si es conveniente o no continuar la relación.

El Amor Eros es el estado más cercano a la locura, pudiendo llevar a una persona a realizar acciones que en un estado cuerdo no haría. En el estado de Eros, una persona puede saltar muros, enfrentar peligros, abandonar la seguridad y la comodidad, renunciar a lo más valioso, desafiar incluso a la muerte y a Dios... todo, por satisfacer su cometido.

El Eros se asemeja a la relación entre el pez y el anzuelo: el placer momentáneo de devorar la lombriz no lleva precisamente al pez a la supervivencia, sino a la muerte. De manera similar, la dulce emoción del Eros puede conducir a estados de adicción que demandan cada vez más, hasta que ha sido satisfecho. En ese punto se pierde el interés y se inician nuevas búsquedas y aventuras para poner en estado de euforia al Eros.

El Amor Eros debe entenderse como un amor atrayente y emocional, un vehículo hacia un amor sólido y duradero, siempre y cuando supere todas las etapas. Su fin es la satisfacción, y su propósito, la reproducción o prolongación de la especie.

El Eros, como una fuerza hormonal poderosa, debe ser canalizado, ya que su naturaleza altamente impulsiva y carnal puede llevar a la fornicación e infidelidad.

Como en todo proceso, el Amor Eros tiene su inicio o ascenso, su clímax o éxtasis, y su descenso. Llegará el tiempo cuando necesitará ser estimulado con palabras, acciones y esfuerzo. Aunque todavía se disfruta, empieza a verse como un deber, para mantener viva la llama del amor y satisfacer las necesidades de intimidad y conexión de ambos. Con el avance de las relaciones, el Eros mengua y desaparece, dando paso a un amor más profundo y libre, donde la mera compañía del ser amado será suficiente para sustentar y mantener el vínculo amoroso.

Cuando el Amor Eros no se guía por valores y se desborda careciendo de límites, esto puede llevarnos a decisiones y acciones que tienen profundas repercusiones. Un ejemplo de esto lo encontramos en la antigua historia bíblica de Dina y Siquem *(Génesis 34 R/V 1960):* El deseo incontrolado y la pasión sin frenos desencadenaron una serie de eventos trágicos.

La Tragedia de Dina y Siquem.

Dina, la joven hija de Lea y Jacob, era conocida por su inocencia y belleza, atributos que la hacían destacar entre las mujeres de su tiempo. Un día, decidió aventurarse fuera del hogar para visitar a las mujeres de la región, sin saber que este paseo cambiaría su vida para siempre.

Mientras caminaba por las calles, Siquem, el hijo de Hamor, un príncipe de la región, la vio. En ese instante, quedó cautivado por la belleza radiante de Dina. Pero lo que comenzó como un simple deslumbramiento pronto se convirtió en una obsesión incontrolable. Siquem, cegado por sus deseos, la tomó por la fuerza y la violó, un acto que selló un destino trágico para ambos. Sin embargo, algo inesperado sucedió: tras su acto de violencia, Siquem se sintió profundamente atraído por ella, un amor torturado que lo impulsó a querer redimirse y convertir a Dina en su esposa.

Con el corazón cargado de remordimiento y un amor desesperado, Siquem habló con su padre, Hamor, rogándole que negociara con Jacob para que Dina pudiera ser su esposa. Mientras tanto, Jacob, al recibir la devastadora noticia del ultraje sufrido por su hija, se quedó en silencio, esperando el regreso de sus hijos del campo antes de tomar cualquier decisión.

Cuando los hijos de Jacob volvieron y se enteraron del cruel destino de su hermana, su corazón se llenó de una furia incontrolable. Para ellos, Siquem no solo había deshonrado a Dina, sino que había mancillado el honor de toda la familia. La ira nubló su juicio, y mientras sus corazones clamaban por venganza, Hamor se presentó ante Jacob y sus hijos, buscando reconciliación y proponiendo un matrimonio que, según él, uniría a los dos pueblos y traería prosperidad a ambos.

Con respeto y humildad, Siquem también se dirigió a los hermanos de Dina, rogándoles que le permitieran casarse con ella, dispuesto a pagar cualquier dote que le pidieran. Pero los hijos de Jacob, con la mente ya puesta en la venganza, respondieron de manera engañosa. Sabían que no podían dar a su hermana a un hombre que no compartiera su fe y cultura, así que plantearon una condición imposible: que todos los varones de la ciudad de Siquem se circuncidaran. Solo entonces, dijeron, aceptarían la unión.

Hamor y Siquem, cegados por su deseo de reparar el daño y ganar el favor de Jacob, aceptaron la propuesta. Convencieron a todos los hombres de su ciudad de someterse a la circuncisión, argumentando que la alianza traería grandes beneficios. Sin embargo, tres días después, cuando los hombres aún se recuperaban del dolor de la operación, Simeón y Leví, hermanos de Dina, vieron la oportunidad de ejecutar su venganza. Armados con espadas y con el dolor de su hermana en el corazón, atacaron la ciudad por sorpresa, matando a todos los varones, incluidos Siquem y su padre Hamor. Luego, rescataron a Dina de la casa de Siquem y saquearon la ciudad, llevándose todo lo que encontraron, incluidos bienes, mujeres y niños.

Al enterarse de la masacre, Jacob se horrorizó. Reprendió a sus hijos con severidad, temiendo que las tribus vecinas se aliaran para vengar a los caídos. Pero Simeón y Leví, con la sangre de su hermana en la memoria, respondieron con firmeza, justificando su acto al afirmar que no podían permitir que su hermana fuera tratada como una prostituta.

La historia de Dina y Siquem nos confronta con la realidad de que el amor, cuando no se equilibra con respeto y empatía, puede ser una fuerza devastadora. Lo que comenzó como un acto de pasión desenfrenada terminó en una tragedia que destruyó vidas y deshonró a familias. Esta historia nos recuerda que, aunque Eros, el amor ardiente y apasionado, puede iluminar nuestras vidas, también tiene el poder de consumirnos por completo si no está guiado por valores y respeto mutuo.

Eros es una llama que puede encender lo mejor en nosotros, pero también puede dejarnos consumidos por su calor. Solo al salir de ese trance ardiente podemos entender las profundidades a las que el amor puede llevarnos, y cómo, sin el equilibrio adecuado, ese fuego puede dejar solo cenizas a su paso.

Consecuencias del Eros Irracional.

Sara y Carlos, dos adolescentes de 16 años, se conocieron en una fiesta de cumpleaños de un amigo en común.

LA VIRTUD DEL AMOR

Desde el primer momento, sintieron una atracción intensa e incontrolable, esa chispa que solo surge en la juventud, cuando todo parece posible y el amor parece eterno. Pronto comenzaron a pasar cada vez más tiempo juntos, fascinados por la emoción y la novedad de su primer amor.

Con el paso de los días, su relación se volvió tan intensa y apasionada que parecía que el mundo exterior se desvanecía cada vez que estaban juntos. Pasaban las tardes en la casa de Carlos, un refugio donde la privacidad les permitía explorar su amor sin restricciones, sin pensar en nada más que en el momento presente. La intensidad de sus sentimientos era tan fuerte que ignoraban las precauciones necesarias y se dejaban llevar por la pasión del momento.

Una tarde, después de una salida con amigos, Sara y Carlos se entregaron al deseo, cegados por la emoción y sin considerar las consecuencias. Lo que comenzó como una tarde de risas y complicidad, terminó en un acto impulsivo de pasión desbordante, y como resultado, Sara quedó embarazada.

Cuando descubrió su embarazo, Sara sintió que el mundo se desplomaba a su alrededor. El miedo y la incertidumbre la invadieron, y se sintió aterrada, abrumada por una realidad para la que no estaba preparada. Sus primeras reacciones fueron de shock y negación, esperando en su corazón que el problema desapareciera por sí solo. Pero la vida, implacable, comenzó a imponer su realidad, y Sara tuvo que enfrentar el hecho de que estaba esperando un bebé.

Carlos, por su parte, quedó paralizado por la noticia. Aunque creía amar verdaderamente a Sara, no estaba preparado para asumir el rol de padre. Su vida estaba centrada en la diversión, en los deportes, en las salidas con amigos; la idea de asumir una responsabilidad tan grande a su edad le parecía imposible, algo que no encajaba en los sueños que había imaginado para su futuro.

Ambos jóvenes comenzaron a experimentar una serie de frustraciones y miedos. Sara temía la reacción de sus padres y la posibilidad de tener que abandonar la escuela. Le preocupaba el futuro de su bebé y su capacidad para ser una buena madre a una edad tan temprana. Sentía que su vida había cambiado radicalmente en un instante, y la incertidumbre la llenaba de una ansiedad que no la dejaba dormir.

Carlos también se sentía perdido. No tenía trabajo ni los medios para mantener una familia. El futuro que había deseado, con su propio negocio de lavado de autos, se desvanecía como un espejismo en el horizonte. Además, temía el enfado y la decepción de sus padres y los de Sara. La presión y el estrés comenzaron a afectarlo profundamente, y su relación con Sara se volvió tensa y conflictiva.

Las discusiones se hicieron más frecuentes. Sara culpaba a Carlos y se culpaba a sí misma por la situación en la que se encontraban. Ambos se dieron cuenta de que el amor y la pasión que una vez los había unido no eran suficientes para enfrentar los desafíos que ahora se cernían sobre ellos.

Finalmente, Sara y Carlos decidieron avanzar como pareja, pensando en el bienestar del bebé. Sin embargo, su inmadurez y la falta de preparación para asumir responsabilidades tan grandes hicieron que la relación se deteriorara rápidamente. Al cabo de un año, tomaron la dolorosa decisión de separarse. Sara se quedó con la niña y decidió vivir con sus padres, buscando en ellos el apoyo que necesitaba. Carlos, por su parte, se comprometió a responder económicamente por su hija hasta que fuera mayor de edad.

Con los años, tanto Carlos como Sara formaron sus propios hogares, pero esta vez con la dura lección aprendida del eros desenfrenado, cultivaron relaciones más racionales y conscientes. La experiencia, aunque dolorosa, los había transformado, enseñándoles que el amor verdadero va más allá de la pasión del momento, y requiere madurez, responsabilidad y, sobre todo, respeto por uno mismo y por el otro.

El bello rostro del Amor Eros.

María y Juan se preparaban para celebrar su primer aniversario, una fecha cargada de promesas y recuerdos. Juan, en secreto, había planeado una sorpresa especial, un gesto que reflejaba su profundo amor por María. Sin que ella lo supiera, había reservado un día en la Isla Catalina, California, un paraíso que sería el escenario perfecto para su celebración. Le dijo a María que solo tenían una cena privada, manteniendo el resto del plan envuelto en misterio.

La mañana del aniversario, Juan despertó a María temprano con una sonrisa y la llevó al puerto, donde un ferry esperaba. Al descubrir su destino, María se emocionó y agradeció a Juan con un abrazo cálido y un beso lleno de amor.

Juntos, exploraron la isla, paseando de la mano por playas doradas y senderos encantados. Se sumergieron en el agua cristalina para hacer snorkel, disfrutaron del mar en kayak y se maravillaron con una visita guiada que revelaba los secretos de aquel lugar mágico.

En un rincón pintoresco, Juan desplegó una manta y sacó una cesta de picnic con frutas y vino. Compartieron risas y recuerdos, mientras el sol se despedía, tiñendo el cielo de colores suaves.

Antes de la cena, María sorprendió a Juan con un regalo: un hermoso reloj con su nombre grabado, un símbolo de su amor eterno. Juan, emocionado, la abrazó con ternura y le prometió llevarlo siempre consigo, como un recordatorio de ese día especial.

Llegaron al mejor restaurante de la isla, junto al mar, donde una mesa decorada con velas y flores los esperaba. Durante la cena, conversaron sobre los momentos más inolvidables de su primer año juntos, compartieron sueños y planes, y rieron como si el tiempo se hubiera detenido. Con una copa de vino en la mano, brindaron por su amor mientras el sonido de las olas les acompañaba.

Después, pasearon por la playa iluminada por la luz suave de la luna. Se detuvieron para admirar las estrellas, se abrazaron y se besaron, compartiendo palabras de amor y compromiso, esas que nacen desde el fondo del corazón y sellan un vínculo eterno.

Finalmente, se hospedaron en un hotel elegante, donde la habitación estaba decorada con pétalos de rosa, velas y música suave. En ese refugio, se entregaron el uno al otro con pasión, disfrutando de una noche íntima y romántica que reforzó su conexión y les permitió expresar su amor en su forma más pura.

Al final de los festejos, María y Juan se sintieron más conectados y enamorados que nunca. La escapada romántica, la cena junto al mar y la noche íntima habían fortalecido su relación y les recordaron la importancia de celebrar el amor. Fue un aniversario inolvidable, lleno de Amor Eros y momentos memorables que atesorarían para siempre.

Gestión del Amor Eros.

Al inicio de una relación, la emoción y la pasión pueden ser abrumadoras y arrolladoras. Para convertir el Amor Eros en algo maduro y duradero, es importante trabajar en ciertos aspectos fundamentales.

Primero, se requiere una comunicación abierta y honesta. Habla abiertamente con tu pareja sobre tus sentimientos, deseos y expectativas. Escucha con atención y empatía para construir una base sólida de confianza.

Segundo, establece límites saludables. Respeta los límites personales y las necesidades del otro, incluyendo el espacio y tiempo individual. Asegúrate de que todas las interacciones se basen en el consentimiento mutuo y el respeto.

Tercero, equilibra la pasión y la amistad. Fomenta una amistad sólida compartiendo intereses, hobbies y actividades. Sé un apoyo emocional constante y muestra comprensión y compasión en momentos difíciles.

Cuarto, teje lazos de confianza y lealtad. Mantén la honestidad y la transparencia en tu relación. La lealtad y el compromiso ayudarán a superar desafíos y tentaciones.

Quinto, vela por el crecimiento personal y de la pareja. Apóyense en el logro de metas individuales y profesionales. Celebren los logros y bríndense apoyo en los fracasos. Participen en actividades de desarrollo personal y crecimiento juntos.

Sexto, manejen los conflictos de manera constructiva. Aborden los desacuerdos en forma calmada y pensando en la búsqueda de las mejores soluciones para ambos. Muéstrense dispuestos a ceder y encontrar un punto medio.

Séptimo, fomenten y déjense guiar en la relación por buenos valores, como el respeto, la honestidad y la responsabilidad. Transformar el Amor Eros en un amor maduro y duradero al inicio de una relación requiere esfuerzo y compromiso. Con una buena comunicación, establecimiento de valores y límites, puedes construir una relación sólida y perdurable.

Aplicación.

Eros en el matrimonio.

En el matrimonio, el Amor Eros ayuda a fortalecer la conexión, construir confianza y aumentar la felicidad en la pareja, satisfaciendo las necesidades íntimas, lo que a su vez mejora el bienestar y la comunicación entre los cónyuges.

No obstante, para quienes inician nuevas relaciones y no están casados, es importante ser conscientes de los riesgos asociados con el Amor Eros.

La pasión desbordante puede llevar a decisiones apresuradas y a una dependencia emocional, lo que podría deteriorar aspectos importantes como la salud y las mistades.

Para mantener relaciones saludables, es esencial equilibrar el Amor Eros con el amor de amistad (Philia) y el amor incondicional (Ágape).

El Amor Eros ofrece una conexión profunda, de pasión y vitalidad, fortaleciendo vínculos emocionales y promoviendo un sentido de unidad. Al experimentarlo, los esposos pueden sentirse más vivos, energizados y motivadas a dar lo mejor de sí mismas para mantener en buen estado la relación.

El fin de este amor es fomentar la unión y su propósito es la procreación, asegurando la perpetuidad de la especie humana.

Tu turno.

Ejercicio de reflexión personal.

Instrucción: Reflexiona sobre una experiencia pasada de Amor Eros. ¿Cómo afectó esta relación tus decisiones y emociones? Escribe sobre lo que aprendiste de esa experiencia.

_____

_____

_____

_____

Preguntas guiadas.

1. Fin u objetivo de la manifestación del Amor Eros.

¿Cuál es la meta que el Amor Eros pretende alcanzar en una relación de pareja?

_____

_____

_____

_____

2. Propósito de la manifestación del Amor Eros.

¿Por qué el Amor Eros se manifiesta en una relación de pareja y qué busca lograr a nivel biológico?

_____

_____

_____

_____

3. Influencia del Amor Eros en nuestras decisiones y comportamiento.

¿La intensa pasión y atracción física del Amor Eros cómo pueden afectar nuestra capacidad de tomar decisiones racionales y conscientes?

_____

_____

_____

_____

4. Papel del Amor Eros en la formación de una relación sólida y duradera.

¿Cómo puede el Amor Eros actuar como un vehículo inicial para construir una relación más profunda y estable con el tiempo?

_____

_____

_____

_____

5. Los riesgos de un Amor Eros sin valores ni límites.

¿Cuáles son las consecuencias negativas de un Amor Eros que no se guía por un marco de valores?

_____

_____

_____

_____

Capítulo 3

Segunda manifestación.

EL AMOR FILIAL:

Un amor afín y leal.

El término "Filia" tiene sus raíces en la Grecia clásica, donde se entendía como el amor entre amigos. Filósofos como Aristóteles lo consideraban fundamental para la vida, pues se basa en la mutualidad, el respeto y la afinidad en valores compartidos. A lo largo del tiempo, filia ha evolucionado, pero su esencia ha permanecido intacta, siendo un pilar crucial en las relaciones interpersonales.

El amor filial, esa fuerza inquebrantable y común, surge y se nutre en ambientes donde florecen las afinidades.

Es el vínculo que se forma entre personas que comparten más que simples intereses; abarca hobbies, deportes, pasatiempos, gustos musicales y, de manera más profunda, creencias y valores.

Este tipo de amor va más allá de la conexión biológica o familiar. Es el amor de amigos, de socios, de camaradas, de aquellos que no solo comparten aficiones o actividades, sino también momentos significativos de la vida, tanto en alegrías como en desafíos. El amor filial es el puente que conecta corazones en diversas situaciones, celebrando triunfos y brindando apoyo en las tragedias.

La belleza del amor filial radica en su capacidad para unir a personas de diferentes orígenes, razas y nacionalidades. No conoce fronteras ni prejuicios. En su expresión más pura, este amor crea lazos fuertes y duraderos, siempre que se cultive y se mantenga la unidad. En esta unión, en este compartir y comprender, reside la verdadera fuerza del amor filial.

A través del amor filial, aprendemos que la afinidad no es solo cuestión de gustos similares, sino también de compartir un camino común, de construir juntos un espacio donde cada uno pueda crecer y fortalecerse. Es un recordatorio de que, en la diversidad, podemos encontrar la más profunda y auténtica forma de conexión humana.

El amor filial es intrínsecamente bueno, centrado en la búsqueda del bien común y en la voluntad de agradar al otro. Aunque pasional en su esencia, este sentimiento trasciende la noción habitual de la pasión de eros. No implica un elemento erótico o sexual, sino una profunda conexión a través de intereses y gustos compartidos.

Sin embargo, como en todas las formas de amor, el Filial tiene sus particularidades. Es un amor condicional y reglamentado, sustentado en un acuerdo implícito: mientras ambas partes satisfagan mutuamente sus necesidades, la relación se mantendrá. Este intercambio de satisfacción y apoyo es fundamental para su perdurabilidad. Para que el amor filial florezca, es necesario alinearse y adherirse a ciertas normas y leyes establecidas por el grupo o la comunidad. Requiere dedicación, socialización y, en ciertos casos, un juramento de lealtad.

La continuidad de este amor depende del contacto social constante y de una dependencia mutua. Si estas condiciones no se mantienen, el amor filial puede disminuir hasta desaparecer en la relación. No obstante, el amor filial no solo se sustenta en la reciprocidad de necesidades y gustos, sino también en valores como el respeto, la solidaridad, la cooperación y el compañerismo. Se basa en el bienestar mutuo, en la alegría de ver al otro feliz y en buen estado.

La durabilidad de este amor depende del mantenimiento de las afinidades entre las personas involucradas. Un ejemplo clásico de amor filial son las amistades leales y comprometidas de antaño, donde se comparten largas charlas, se disfruta de la compañía mutua, se saborea un café y se recuerdan hazañas pasadas. Estas relaciones, profundamente fraternales, han sido documentadas a lo largo de la historia en numerosos libros y textos, incluyendo la Biblia.

La historia de David y Jonatán es un ejemplo emblemático de amor filial, donde este tipo de amor se expresa con una intensidad que ha trascendido los siglos.

La amistad entre David y Jonatán.

El joven David, antes de convertirse en rey, nos cuenta que vivió una experiencia que marcaría su vida para siempre. Aun siendo adolescente, probablemente alrededor de los 16 años, fue a visitar a sus hermanos en el campo de batalla, llevándoles comida. En aquel lugar presenció cómo el ejército israelita, escondido en cuevas, temía enfrentarse a Goliat, un gigantesco guerrero filisteo que desafiaba a cualquiera a un combate decisivo. Con una fe inquebrantable en Dios, David aceptó el reto, derribando al gigante con una simple honda y luego matándolo con su propia espada, asegurando así la victoria para Israel.

Esta hazaña llamó la atención del rey Saúl, quien, cumpliendo su promesa, ofreció a su hija en matrimonio a David. Sin embargo, un lazo aún más significativo se formó entre David y Jonatán, el hijo de Saúl. La Biblia describe esta conexión en 1 Samuel 18:1, donde se menciona que el alma de Jonatán quedó ligada a la de David, y Jonatán lo amó como a sí mismo. Este vínculo representa un ejemplo clásico de amor filial, caracterizado por una profunda amistad y lealtad.

A pesar de la lealtad de David, el rey Saúl, consumido por los celos y el temor, comenzó a planear su muerte cuando escuchó que el pueblo celebraba las victorias de David más que las suyas. Durante este tiempo tumultuoso, la amistad entre David y Jonatán se mantuvo firme. Jonatán, consciente de que David había sido ungido como el futuro rey de Israel, apoyó a su amigo incluso en contra de los deseos de su propio padre.

Desafortunadamente, Jonatán murió en batalla, una tragedia profundamente ligada a las decisiones de su padre. Sin embargo, el compromiso y la lealtad de David hacia su amigo no terminaron con la muerte de Jonatán. Años más tarde, David honró el juramento que había hecho a su amigo, devolviendo todas las propiedades de Saúl al hijo de Jonatán, tal como se relata en *2 Samuel 9*.

La amistad entre Jesús y Juan.

En el Nuevo Testamento encontramos otra relación significativa que refleja el amor filial: La amistad entre Jesús y el discípulo Juan. Aunque Jesús tenía muchos amigos, mostró una cercanía especial con Juan, a quien a menudo se refiere como "el discípulo amado". Esta relación única se destaca en varios pasajes, como en el Evangelio de *Juan 21:20-23*, donde Pedro, después de conocer su propio destino, pregunta a Jesús acerca del futuro de Juan.

La respuesta de Jesús indica una relación especial con Juan, no necesariamente sugiriendo que Juan no experimentaría la muerte, sino que el destino de cada uno estaba en manos de Jesús.

Reflexión sobre el amor Filial.

Estos ejemplos bíblicos del amor filial entre David y Jonatán, y entre Jesús y Juan, muestran la profundidad y riqueza de las relaciones basadas en la lealtad, la confianza mutua y el compromiso incondicional. Son modelos atemporales de amistad y amor fraterno.

Las relaciones humanas más valiosas se construyen sobre una base de amistad sincera y afecto genuino. Este tipo de vínculo se manifiesta a través de la conexión profunda que se establece cuando compartimos intereses, valores y experiencias con alguien. En estas relaciones, la confianza juega un papel crucial, permitiendo que cada individuo sepa que puede contar con el otro en cualquier situación.

Una característica esencial de este tipo de amor es el respeto mutuo y la admiración. Valorar sin envidia las cualidades, habilidades y logros de la otra persona fortalece la relación y promueve un ambiente de apoyo constante. Además, la reciprocidad es clave, pues ambos se benefician y crecen emocionalmente con el mutuo intercambio de afecto y cuidado.

El compromiso emocional que implica este tipo de amor es significativo. No se trata de una obligación, sino de un deseo genuino de estar presente y apoyar al otro en todo momento, ya sea en las alegrías o en las dificultades. La generosidad desinteresada es evidente en estos lazos, donde se está dispuesto a hacer sacrificios y ayudar sin esperar nada a cambio.

La comunicación abierta y la comprensión son vitales. Sentirse cómodo al compartir pensamientos, sentimientos y preocupaciones asegura que ambas partes se sientan escuchadas y comprendidas. Este tipo de amor también se caracteriza por un apoyo incondicional, donde se ofrece consuelo, consejo y ayuda en las buenas y malas situaciones.

La estabilidad y durabilidad de estas relaciones son notables. A diferencia de los vínculos basados únicamente en la atracción física, estas relaciones pueden durar toda la vida gracias a la solidez del vínculo emocional. La alegría compartida es otro aspecto distintivo. Disfrutar de la compañía del otro y encontrar felicidad en los momentos simples y cotidianos fortalece aún más la relación.

Beneficios del amor Filial.

Aunque ya debes haber notado los beneficios del amor filial, hagamos énfasis en algunos de ellos:

- **Apoyo emocional:** El amor filial te ofrece un sistema de apoyo sólido en momentos difíciles, brindándote consuelo, consejo y un hombro sobre el cual llorar cuando lo necesites.

- **Crecimiento personal:** Somos la media de nuestras amistades. Las amistades profundas pueden desafiarte y motivarte a ser la mejor versión de ti mismo, promoviendo tu desarrollo personal y profesional.

- **Bienestar psicológico:** Tener relaciones de amistad sólidas y significativas está vinculado con la disminución de niveles de estrés, ansiedad y depresión, mejorando tu salud mental en general.

- **Sentido de pertenencia:** El amor filial te proporciona una comunidad y un sentido de identidad, haciéndote sentir parte de algo más grande.

Tu turno.

Cuéntame, ¿cómo has experimentado el Amor Filial en tu vida? ¿Recuerdas alguna amistad que haya dejado una huella significativa en ti?

_____

_____

_____

_____

LA VIRTUD DEL AMOR

Aplicación.

Dedica tiempo y esfuerzo para cultivar las amistades existentes. Mantén una comunicación constante, comparte experiencias y ofrece tu apoyo incondicional. Celebra sus éxitos y acompáñalos en sus momentos difíciles.

- **Escucha activa:** Demuestra interés genuino por lo que tus amigos tienen que decir, escuchándolos sin interrumpir y sin juzgarlos ofreciendo tu atención plena.

- **Empatía:** Intenta ponerte en el lugar de tus amigos, comprendiendo sus sentimientos y perspectivas, incluso cuando difieran de los tuyos.

- **Apoyo incondicional:** Estar ahí para ellos en los buenos y malos momentos, ofreciendo ayuda y soporte sin esperar nada a cambio.

- **Honestidad y confianza:** Ser honesto y transparente, fomentando un espacio seguro donde cada uno pueda expresarse libremente sin temor a ser juzgado.

- **Respeto por la individualidad:** Valora las diferencias que cada amigo aporta a la relación, apoyando sus metas y sueños personales.

- **Tiempo de calidad:** Dedica tiempo a desarrollar tu amistad, ya sea a través de actividades compartidas o simplemente pasando tiempo juntos, fortaleciendo el vínculo.

- **Resolución constructiva de conflictos:** Enfrenta los desacuerdos con madurez, buscando soluciones que beneficien a ambos lados, manteniendo siempre el respeto mutuo.

- **Ser sincero y honesto:** La verdadera amistad se construye sobre la verdad y la honestidad. Comparte tus pensamientos, sentimientos y desafíos con tus amigos de confianza, y mantente abierto para escucharlos y apoyarlos en los suyos.

- **Busca nuevas amistades:** Amplía tu círculo social participando en actividades que reflejen tus intereses y valores. Esto puede incluir unirse a clubes, grupos de voluntariado o una iglesia.

- **Celebra los éxitos de tus amigos:** Demuestra aprecio y alegría por los logros de tus amigos. La verdadera amistad se regocija mutuamente en los momentos buenos, así como se apoya en los malos.

Como punto clave, recuerda que: El Amor Filial, o la amistad profunda, se basa en la lealtad, la confianza y el respeto mutuo. Las amistades verdaderas nos apoyan en los momentos difíciles y celebran con nosotros en los momentos de alegría.

Preguntas guiadas.

1. Identifica a una persona que consideres un verdadero amigo. ¿Qué cualidades hacen que esa amistad sea especial?

Reconocer las cualidades valiosas de tus amistades te ayudará a apreciarlas más.

_____

_____

_____

_____

2. Describe una situación en la que tu amigo te apoyó en un momento difícil. ¿Cómo te hizo sentir ese apoyo?

Reflexionar sobre el apoyo recibido fortalecerá tu gratitud y vínculo con esa persona.

_____

_____

_____

_____

3. ¿Qué acciones puedes realizar para ser un mejor amigo y fortalecer tus relaciones de amistad?

Planificar acciones específicas mejorará tus habilidades para mantener amistades sólidas.

_____

_____

_____

_____

4. Piensa en una amistad que se haya debilitado con el tiempo. ¿Qué podrías hacer para revitalizar esa relación?

Considerar maneras de reconstruir relaciones te ayudará a mantener conexiones importantes.

_____

_____

_____

_____

5. ¿Sabes de algún amigo que esté pasando por un proceso difícil o alguna necesidad?

De ser así, te insto a poner en práctica el Amor Filial.

_____

_____

_____

_____

Capítulo 4

Tercera manifestación.

EL AMOR STORGE:

Amor sanguíneo, protector y sacrificado.

El Amor Storge, conocido también como amor sanguíneo o de familia, tiene sus raíces en la antigua Grecia, donde se concebía como el afecto natural y espontáneo entre los miembros de una familia. Este amor, que fluye de padres a hijos y viceversa, es generoso y comprometido, nutriendo el afecto a través de gestos tiernos como palabras dulces, abrazos cálidos, atención constante, y un sentido profundo de protección y provisión.

El Storge se deleita en los momentos cotidianos compartidos, donde una simple sonrisa ilumina el hogar y los pequeños logros de los hijos son celebrados como grandes hazañas. Este amor también comparte el dolor de sus seres queridos, sufriendo profundamente durante las adversidades.

Una madre, por ejemplo, no solo alimenta a sus hijos físicamente, sino que lo hace con una devoción y dedicación que eclipsa cualquier desvelo o dificultad personal. Es un amor que protege y sustenta, abarcando a toda la familia: padres, hijos, hermanos, abuelos y tíos. Se expresa en la convivencia diaria, demostrando amor con palabras, actos de corazón y una dedicación incondicional.

La intensidad del Storge es particularmente notable durante la crianza de los hijos. En esta etapa, los padres se entregan por completo al cuidado y protección de sus hijos, y el amor que sienten alcanza una profundidad y fuerza extraordinarias. Para los hijos, sus padres son héroes, figuras que encarnan seguridad y amor incondicional.

A pesar de su poderosa naturaleza, el Amor Storge es condicional, basado en la consanguinidad. Esta condición le da una particularidad única, definiendo sus límites dentro del ámbito familiar. Sin embargo, su importancia en el desarrollo emocional y relacional de los individuos es indiscutible, haciendo del Amor Storge un pilar fundamental en la estructura de la familia y en la sociedad en general.

Los antiguos griegos definieron el Amor Storge como un amor desbordante, dedicado y comprometido, que se nutre y crece en el núcleo familiar y perdura a lo largo de la vida. Aunque su intensidad puede disminuir a medida que las personas asumen nuevos roles, como esposos o padres, sigue siendo una presencia constante.

El Amor Storge se distingue por ser leal, protector y sacrificial, siempre velando por el bienestar de la familia. Implica renunciar a privilegios y placeres personales para satisfacer las necesidades del núcleo familiar. Sin embargo, no es un amor perfecto. Es un amor selectivo, condicional y, en cierto modo, egoísta. Su objetivo es crear un ambiente propicio para la crianza y educación de los hijos, preparándolos para ser autosuficientes.

Como dice *Proverbios 22:6*, el deber del Amor Storge es guiar a los niños por el buen camino, para que, incluso en la vejez, no se desvíen de él: *"Instruye al niño en su camino, y aun cuando fuere viejo no se apartará de él"*. (*Proverbios 22:6, RVR 1960*).

Durante la crianza, los padres se esfuerzan al máximo para proporcionar lo esencial: afecto, atención y cuidado. Aunque las necesidades materiales son importantes, nunca superan el valor de los lazos familiares.

El verdadero desafío del Amor Storge no es acumular bienes, sino evitar la obsesión y preocupación excesiva por las actividades y roles familiares. He conocido padres que, literalmente, se sacrifican trabajando en múltiples empleos para proporcionarles todo a sus hijos, olvidándose de sí mismos. Lo contradictorio es que estas acciones a menudo no satisfacen completamente a los hijos, que pueden volverse más exigentes.

Los padres que buscan la solvencia económica e incrementan sus gastos terminan sacrificando el tiempo que deberían dedicar a su familia. Su esperanza es que algún día tendrán el tiempo para estar con sus hijos cuando estos crezcan. El problema es que, para entonces, los hijos quizás ya no querrán convivir con sus padres o ya habrán partido de su hogar, dejando en los progenitores la amarga sensación de que lo han perdido todo por estar empeñados en su papel de proveedores.

He observado a madres profundamente dedicadas a sus hijos, hasta el punto de idolatrarlos. A menudo proclaman que sus hijos son su razón de vivir y que, sin ellos, la vida perdería su sentido. Esta devoción extrema las lleva a abandonarse a sí mismas, alimentadas por la fe y la esperanza de que, al crecer, sus hijos retribuirán de igual manera su sacrificio.

En su obsesión por mantener un hogar perfecto, estas madres se sumergen en las tareas domésticas, esforzándose diariamente para que todo esté en orden. Un objeto fuera de lugar puede desencadenar una gran reacción, creyendo que con ello demuestran su dedicación a la familia. Sin embargo, este comportamiento puede tener un efecto contrario: los miembros de la familia pueden sentirse incómodos en su propia casa, al verla más como el reino de la madre que como un hogar compartido.

Incluso el esposo puede llegar a sentirse marginado, perdiendo su derecho a opinar o a tener un espacio propio.

La casa, en lugar de ser un lugar de convivencia y libertad, se transforma en un escenario donde las decisiones y preferencias de la esposa dominan, a menudo dejando poco margen para el diálogo o el acuerdo mutuo.

Este panorama muestra cómo un amor y una dedicación desmesurados pueden llevar, paradójicamente, a una desconexión familiar. En vez de crear un ambiente de amor y pertenencia, se genera una atmósfera de control y aislamiento, donde la libertad y la individualidad de cada miembro de la familia quedan eclipsadas por el deseo de perfección y orden de uno solo.

Los ejemplos son una buena manera de reafirmar los conceptos teóricos. Veamos uno, particularmente aleccionador.

La abuela de Balta.

En los años 80 tenía un amigo llamado Baltazar, pero todos lo conocíamos como Balta. Siempre se emocionaba cuando compraba un nuevo casete, y, sin perder tiempo, corría a mi casa para pedirme prestada mi modesta grabadora y disfrutar juntos de la música. A pesar de que en su hogar había un equipo de sonido impresionante, un regalo de su madre desde Estados Unidos, su abuela nunca les permitía usarlo. Ella temía que se dañara y que su hija, al regresar del extranjero, no pudiera disfrutarlo.

Los domingos eran su oportunidad dorada. La abuela de Balta, devota y puntual, asistía a la iglesia y luego se detenía en el mercado. Mi amigo esperaba pacientemente el momento en que la viejita saliera de casa. Apenas se iba, tomaba su bicicleta y pedaleaba con prisa hasta mi puerta, invitándome a disfrutar de la música en su casa.

Una vez allí, encendíamos el poderoso equipo de sonido, cuyo volumen sacudía las paredes y hacía vibrar todo el vecindario. Aquellas tres torres de sonido se convertían en el centro de una breve y clandestina fiesta. El barrio entero sabía que la abuela no estaba en casa, pues, como dice el refrán, "cuando el gato no está, los ratones hacen fiesta".

Un domingo en particular, después de que la abuela salió, Balta, con la misma prisa de siempre, vino a buscarnos. Mi hermano y yo no dudamos en acompañarlo. Pronto, las melodías de Pink Floyd y los Eagles llenaron el aire. Aunque no entendíamos bien las letras en inglés, nos dejábamos llevar por la música. El tiempo pasó volando, y sin darnos cuenta, la abuela también, pues nos sorprendió justo cuando estábamos cantando con todo el corazón la mejor parte de "Hotel California".

El pánico nos invadió. Salimos corriendo, dejando a Balta paralizado, sin saber qué hacer ni hacia dónde huir. La abuela, furiosa e incapaz de apagar el equipo de sonido, arrancó el cable de la corriente y le dio una buena reprimenda a Balta. Nosotros logramos escapar, pero no sin consecuencias: al saltar por los cercos de alambres de púas, nos rasgamos la ropa y la piel, no en solidaridad con nuestro amigo, sino por pura desesperación.

Años después, Balta se mudó a Estados Unidos con su madre. Pasaron cerca de diez años antes de que regresara, y cuando lo hizo, me buscó, no para pedirme prestada mi grabadora, sino para invitarme a tomar una soda. Me contó que las cosas que una vez había anhelado ya no tenían la misma importancia. Lo único que lo esperaba en su antigua casa, me dijo, era el viejo y empolvado equipo de sonido.

Al verlo, Balta se dio cuenta de que ya no servía y, con un suspiro de nostalgia, recordó aquellos días en los que lo único que deseaba era disfrutar de la música con ese equipo. Reflexionó que, cuando nuestros hijos se van, lo único que realmente se llevan son los recuerdos, ya sean buenos o malos. Las cosas materiales, por más que estén presentes y funcionen, habrán perdido todo valor para ellos.

A lo largo de nuestras vidas, acumulamos experiencias que nos dejan lecciones y memorias imborrables. Así como mi amigo Balta aprendió que las cosas materiales pierden su valor con el tiempo mientras que los recuerdos permanecen, otros también descubren estas verdades de manera similar. Es el caso de Marta, una mujer que, al igual que la abuela de Balta, se ocupaba mucho del cuidado de las cosas materiales y su hogar.

Tía Marta.

Viviendo en California, decidimos pasar el Día de Acción de Gracias en casa de la tía Marta. Así la llamábamos, aunque en realidad no era mi tía, sino una pariente de mi esposa.

Tía Marta vivía en una hermosa casa alfombrada, con muebles elegantes y una cocina siempre ordenada y limpia. Su comedor parecía el lugar santísimo: Solo unos cuantos elegidos podían acceder a él. Y si alguien osaba cruzar la entrada, podía ser fulminado por la mirada fulminante de tía Marta o, peor aún, por el estruendo de su voz de mando, digna de una coronela.

Tía Marta tenía una manera peculiar de comunicarse: le hablaba a Juan para que entendiera Pedro.

—*Niños, no entren al comedor. No se sienten en las sillas, que pueden dañarlas, ¡y me costaron mucho dinero!* —solía decir con severidad.

Durante la cena de Acción de Gracias, mi esposa, mis hijos y yo fuimos ubicados en una pequeña mesa redonda en la cocina, contigua al imponente comedor. Debido a la falta de sillas, tuvimos que turnarnos para cenar. Aquello, lejos de ser una molestia, se convirtió en un motivo de risas nerviosas y miradas cómplices entre nosotros.

Al día siguiente, nuestra risa se desvaneció. La reacción de tía Marta ante una alfombra sucia y aplastada nos dejó pasmados y temerosos. A pesar de los intentos de su esposo por calmarla, el enojo de tía Marta no cedía. Fue en ese momento cuando comprendimos que era tiempo de marcharnos.

Tiempo después, tía Marta enfermó. Aunque no parecía grave, su salud se deterioró y falleció en el hospital a los 48 años, aún joven.

Unos años más tarde, volvimos a su casa. Esta vez, por supuesto, ella ya no estaba. Al asomarme a la cocina y buscar el lugar "santísimo", me sorprendí al ver que el velo se había roto y el acceso estaba abierto a todo el público. Me di cuenta de que el "velo" solo existía en mi imaginación.

Me senté lentamente, aún temeroso, escuchando en mi mente la voz de tía Marta diciendo: *"¡Me van a dañar el comedor!"*. Con la vista fija en una fotografía suya, que aún colgaba en la sala, desvié cuidadosamente la mirada hacia aquel comedor que antes parecía salido de un palacio. Ahora, estaba sucio y descuidado, igual que las paredes. Los nuevos inquilinos, que eran sus nietos, a quienes ella nunca llegó a conocer, y su nuera, hacían que el comedor cumpliera con su propósito, aunque sin el mismo esmero en el cuidado.

Cuando alguien se va de este mundo, lo material queda atrás, convirtiéndose en recuerdos en la mente y los corazones de las personas, o bien en objetos abandonados y olvidados.

Tía Marta se había esmerado tanto en cuidar sus pertenencias materiales que descuidó el amor y la amistad de su familia. Afirmaba vivir para ellos, pero en realidad vivía para su casa y sus objetos de valor, dejando de lado a aquellos que anhelaban su atención y afecto. En sus últimos momentos, estos seres queridos estuvieron a su lado. Ella tuvo la oportunidad de reconocer sus faltas y el verdadero valor que no supo darles a sus familiares.

Respecto a sus hijos, el mayor se mudó a California después de su muerte, quizás porque nunca había podido ser él mismo en aquella casa dominada por su madre. Se trasladó al inmueble, se casó y tuvo tres hijos. De los otros dos, el menor se fue a vivir a otro lugar en Estados Unidos, mientras que su esposo se convirtió en un viajero constante, sin un hogar fijo.

La casa, que en realidad era alquilada, quedó finalmente deshabitada. Muchos de los objetos de tía Marta se deterioraron o se desecharon, aunque algunos aún se conservan. El comedor le quedó a su hijo mayor, pero lo único que sobrevivió fue la mesa, y eso en muy mal estado.

Otra manera de aprender del Amor Storge es a través de la siguiente metáfora del jardinero y el árbol.

El jardinero dedica su esfuerzo a preparar el terreno, sembrar la semilla y cuidarla con esmero. Provee agua, abono y protección contra vientos y plagas, manteniéndose atento al crecimiento y desarrollo del árbol, podándolo cuando es necesario. Luego, cuando el árbol está listo, este da frutos, perpetuando el ciclo de la vida a través de su semilla.

En el caso de un mango, para dar frutos este árbol requiere de cinco largos años de cuidados desde su germinación. Después de este período, se vuelve más independiente del agricultor. Seguirá necesitando los recursos que ofrece la tierra, pero esta vez los obtendrá por sí mismo.

Es importante no malinterpretar esta metáfora, pensando que los hijos son árboles que cultivamos con el propósito de cosechar sus frutos. El Amor Storge se entrega sabiendo que lo más seguro es que los frutos de nuestros hijos quizás serán cosechados por otros. Nos sentiremos satisfechos al saber que están dando buenos frutos, aunque otros se beneficien de ellos.

Consideremos también el ejemplo de un pájaro. La hembra realiza cerca de tres mil viajes para construir su nido. Luego incuba los huevos durante 21 días, ofreciéndoles calor y protección contra los depredadores. Una vez nacidos los polluelos, la madre se esfuerza por cuidarlos y alimentarlos hasta que estos pueden volar y buscar su propio sustento. Los polluelos, una vez que pueden volar, alzarán el vuelo, se irán y ya no volverán.

Suena duro, pero ese es el ciclo de la vida: criarlos, prepararlos y luego verlos volar. Un día, a ellos les pasará lo mismo con sus propios polluelos.

El jardinero y los pájaros.

Finalmente, quiero relatar la historia de un jardinero que encontró un nido con tres pequeños huevos azules en un árbol de durazno. Al ver el nido y una pequeña ave empollando sus huevos, decidió no cortar la rama para proteger el nidal. Observaba la pajarera regularmente hasta que nacieron tres pequeñas aves. Veía cómo su madre iba y venía para alimentar a sus hijos. Un día, decidió encerrar a los polluelos en una jaula mientras su madre buscaba alimento.

Al regresar, la pajarita encontró a sus hijos enjaulados e intentó desesperadamente liberarlos, pero no pudo. El jardinero, conmovido por la persistencia, el afán y la angustia de la madre, abrió la jaula y la dejó entrar para que alimentara a sus crías.

Observó por varios días a los polluelos y, una vez que notó que los pájaros ya estaban listos para emprender el vuelo, tomó a la madre y liberó a los polluelos. Luego, encerró a la madre, esperando que los pájaros volvieran e intentaran rescatarla. Sin embargo, una vez liberados, los pájaros volaron, se fueron y no regresaron.

Parece cruel, pero es la realidad de la vida: Criamos a nuestros hijos, los cuidamos y preparamos para que sean capaces de valerse por sí mismos y destacar en el mundo. Si hemos hecho bien nuestro trabajo, no necesitarán de nosotros, excepto quizás por algún buen consejo. Por el contrario, si siguen dependiendo de nosotros para todo, quizás sea señal de que en algo fallamos.

"Venid hasta el borde", les dijo. "Tenemos miedo, podríamos caer". "Venid hasta el borde", les dijo. Ellos fueron. Los empujó... y volaron." (*Guillaume Apollinaire*).

El propósito del Amor Storge es establecer una base sólida para el desarrollo emocional y social, nutriendo y preservando el bienestar y la unión familiar mediante un afecto espontáneo y comprometido, que se manifiesta en el cuidado, la protección y el apoyo mutuo. El Amor Storge subraya la importancia de los lazos familiares y el sacrificio personal en beneficio del núcleo familiar.

Tu turno.

¿Cuál es el modelo ideal de familia en la sociedad actual?

En un mundo que se encuentra en constante evolución, la estructura y dinámica de la familia no han sido inmunes a estos cambios. El modelo tradicional de familia, que durante mucho tiempo se consideró la norma, está siendo minado y sus valores cambiados. Esto nos lleva a preguntarnos, en medio de percepciones cambiantes y realidades disfuncionales: ¿Qué debemos hacer?

¿Qué es la familia para la sociedad?

La familia es fundamentalmente el núcleo de la sociedad. Desempeña un papel crítico en la formación de los individuos y en la estructuración del tejido social en su conjunto. Actúa como la primera institución de socialización, donde los seres humanos aprenden principios, valores, creencias, normas, comportamientos y habilidades esenciales para su funcionamiento y contribución a la sociedad. A través de la familia, se transmiten la cultura, las tradiciones y el patrimonio, asegurando la continuidad y la evolución de la comunidad y la sociedad en general.

Además, la familia proporciona un sistema de valores, creencias, apoyo emocional, económico y social indispensable, ofreciendo protección, cuidado y asistencia a sus miembros en todas las etapas de la vida. Este apoyo es fundamental para el desarrollo saludable de los individuos, tanto en el aspecto físico como en el emocional y psicológico, y es crucial para el bienestar general de la sociedad.

En el ámbito social, la familia también juega un papel vital en materia de cohesión y estabilidad. Al criar a las próximas generaciones con valores de respeto, responsabilidad, empatía y solidaridad, las familias contribuyen directamente a la construcción de comunidades resilientes y armoniosas. En este sentido, la familia no solo es el núcleo, sino también el cimiento sobre el cual se construyen sociedades fuertes, dinámicas y sostenibles.

Recapitulando, el Amor Storge se manifiesta en la familia, donde el cuidado, la protección y el sacrificio son fundamentales. Este tipo de amor nos enseña sobre la importancia de la unidad y el apoyo incondicional.

Aplicación.

A continuación, te brindo una lista de nueve puntos para que apliques la manifestación del Amor Storge en la familia:

1. Cuidado y protección diaria.

El Amor Storge se manifiesta en el cuidado constante de los hijos y otros miembros de la familia, asegurando su bienestar físico y emocional a través de la atención y la protección en su día a día.

2. Establecimiento de un hogar seguro y amoroso.

Crear un ambiente hogareño donde cada miembro de la familia se sienta seguro, querido y valorado es una forma clave en la que se expresa el Amor Storge.

3. Participación en momentos cotidianos.

Disfrutar de las pequeñas actividades diarias, como compartir comidas en familia, celebrar logros menores o simplemente pasar tiempo juntos, refuerza los lazos de Amor Storge.

4. Enseñanza de valores y principios.

El Amor Storge impulsa a los padres a enseñar a sus hijos valores fundamentales, como el respeto, la responsabilidad y la empatía, preparando así a la próxima generación para contribuir positivamente a la sociedad.

5. Apoyo emocional en tiempos difíciles.

El Amor Storge se ve claramente en el apoyo incondicional que se brinda durante los momentos de adversidad, ayudando a los miembros de la familia a superar desafíos emocionales y psicológicos.

6. Lealtad y compromiso dentro del núcleo familiar.

La lealtad hacia los miembros de la familia y el compromiso de estar presentes en sus vidas, a pesar de las dificultades, son expresiones fundamentales del Amor Storge.

7. Convivencia y participación en la vida familiar.

Participar activamente en la vida familiar, incluyendo las decisiones y eventos importantes, refuerza la conexión entre los miembros de la familia y fortalece el Amor Storge.

8. Apoyo en el desarrollo individual.

El Amor Storge motiva a los padres y familiares a apoyar el crecimiento y desarrollo individual de cada miembro, ayudándoles a alcanzar sus metas personales y profesionales.

9. Preparación para la independencia.

El Amor Storge también incluye la preparación de los hijos para que, en su debido momento, sean capaces de valerse por sí mismos, tomar sus propias decisiones y, eventualmente, formar sus propias familias.

Preguntas guiadas.

1. Reflexiona sobre un momento de tu infancia en el que experimentaste el amor y la protección de tus padres. ¿Cómo ha influido esa experiencia en tu vida adulta?

Conectar experiencias de la infancia con tu vida actual te dará una comprensión más profunda de su impacto.

_____

_____

_____

_____

2. ¿Cómo crees que la ausencia del Amor Storge en tu infancia ha influido en tus emociones y relaciones en la vida adulta?

Conecta con tu infancia e identifica algún momento que haya afectado negativamente tu desenvolvimiento en tu vida actual.

_____

_____

_____

_____

3. ¿De qué maneras muestras actualmente amor y cuidado a tu familia?

Identificar tus acciones actuales te ayudará a evaluar tu rol y a mejorar donde sea necesario.

_____

_____

_____

_____

4. Describe un sacrificio que hayas hecho por un miembro de tu familia. ¿Cómo te hizo sentir ese sacrificio?

Reflexionar sobre tus sacrificios te permitirá ver el valor de tus acciones.

_____

_____

_____

_____

5. Piensa en una situación reciente en la que un miembro de tu familia te apoyó. ¿Cómo puedes mostrar tu gratitud por ese apoyo?

Planificar gestos de gratitud fortalecerá tus relaciones familiares.

_____

_____

_____

_____

CAPÍTULO 5

Cuarta manifestación.

EL AMOR FILEO/ STORGE:

Estableciendo el amor conyugal.

El Amor Fileo se refería al amor entre amigos, marcado por la camaradería, la lealtad y la confianza mutua. Este tipo de amor se basaba en la igualdad y en el compartir intereses y experiencias, creando vínculos que a menudo duraban toda la vida.

Por otro lado, el Amor Storge describía el afecto natural y profundo entre familiares. Este amor enfatizaba el cuidado, el sacrificio y el amor incondicional que se da entre los miembros de una familia, esos lazos que, aunque invisibles, son inquebrantables.

Al considerar el amor en el matrimonio, surge una pregunta inevitable: ¿Y el amor entre esposos, dónde entra?

El amor entre esposos es una mezcla de Fileo, Storge, y sin faltar, el Eros. Sin embargo, con el tiempo, el Eros puede menguar, dejando de ser el centro de la relación. No se puede decir lo mismo del Fileo y el Storge, ya que estos dos tipos de amor serán necesarios e indispensables durante toda la vida matrimonial, incluso en la vejez.

Los esposos, a menudo, se convierten en los mejores amigos. Comparten confidencias, se apoyan mutuamente en desafíos y metas comunes, reflejando así el Amor Fileo. Simultáneamente, el matrimonio crea una nueva familia, desarrollando un vínculo de Storge a través del compromiso y la convivencia. Este vínculo se manifiesta en el cuidado mutuo, la tolerancia, la paciencia y la aceptación de las imperfecciones del otro.

"Clama la semilla a gran voz: 'Dame de tu ser, para que, a través de ti, pueda llegar a ser.'

'Ven aquí, amado mío,' responde la tierra, 'y nútrete con mi ser; para que, a través de ti, pueda yo también ser": Luis Alberto Jiménez.

El Amor Fileo-Storge en el matrimonio es una amalgama de amistad genuina y amor familiar, creando un vínculo robusto y tierno, capaz de enriquecerse con el tiempo. Este enfoque integral del amor no solo fortalece el vínculo matrimonial, sino que también sirve como un modelo para otras relaciones interpersonales.

Podemos ilustrar el Amor Fileo-Storge como la semilla *(Fileo)* y la tierra *(Storge)*. Cada uno posee los elementos necesarios para el otro, creando vida juntos, pero estériles por separado. Una buena tierra y una buena semilla, juntas, pueden producir un árbol frondoso y fructífero.

El Amor Fileo-Storge enfrenta tiempos de rosas y espinas, subidas y bajadas, y amenazas externas. Es crucial un pacto bilateral de amor y lealtad, así como la prudencia para anticipar y evitar peligros. La Biblia advierte sobre las "zorras pequeñas" que destruyen el cultivo y la importancia de cuidar la propia "viña":

"Cazadnos las zorras, las zorras pequeñas, que echan a perder las viñas; porque nuestras viñas están en cierne." (Cantares 2:15).

Aunque este amor es fuerte y comprometido en sus inicios, con el tiempo tiende a menguar. Los defectos se hacen visibles, y se añoran los buenos tiempos de noviazgo. Sin embargo, en la vejez, cuando cambian las prioridades y los hijos se han ido, el Amor Fileo-Storge puede florecer nuevamente, más puro y verdadero, sustentándose en el aprecio y la comprensión mutua.

El Amor Fileo-Storge también se aplica a la relación entre la iglesia y Jesús, donde Jesús simboliza al esposo y la iglesia a la esposa. El matrimonio, en este contexto, simboliza el derecho de la esposa a ser parte del reino de Jesús:

"Maridos, amad a vuestras esposas, así como Cristo amó a la iglesia y se entregó a sí mismo por ella". (Efesios 5:25).

Este pasaje utiliza la relación matrimonial para ilustrar la relación de amor y sacrificio que Jesús tiene hacia la iglesia. La metáfora del matrimonio entre Jesús (el esposo) y la iglesia (la esposa) es una manera de expresar la unidad, el amor y el compromiso que existen en esta relación.

Al hablar del Amor Fileo-Storge, no podemos dejar de mencionar un pasaje bíblico que ilustra de manera hermosa y trágica estos conceptos.

La historia de Jacob y Raquel.
(Génesis 29, 30, 31 y 35).

En las antiguas tierras de Canaán, vivía un hombre llamado Jacob, hijo de Isaac y nieto de Abraham. Jacob, conocido por su astucia, se vio obligado a huir de su hogar tras engañar a su hermano Esaú y recibir la bendición de su padre. En su huida, se dirigió hacia la tierra de su madre, buscando refugio y una nueva vida.

Un día, al llegar a un pozo en las afueras de Harán, Jacob se encontró con pastores y ovejas que esperaban para abrevar. Al preguntar por Labán, su tío materno, los pastores señalaron a una joven que se acercaba con su rebaño. Esa joven era Raquel, la hija menor de Labán. Al verla, Jacob quedó profundamente impresionado por su belleza y gracia. Conmovido y lleno de energía,

LA VIRTUD DEL AMOR

Jacob apartó la pesada piedra que cubría el pozo y dio de beber al rebaño de Raquel.

Jacob se presentó a Raquel y le contó su historia. Al saber que eran parientes, Raquel corrió a contarle a su padre, Labán. Al escuchar las noticias, Labán recibió a Jacob con gran hospitalidad y le ofreció quedarse en su casa. Jacob aceptó y comenzó a trabajar para su tío, cuidando de sus rebaños.

Con el tiempo, el amor de Jacob por Raquel creció profundamente. Decidió que quería casarse con ella, así que le propuso a Labán trabajar siete años a cambio de la mano de Raquel. Labán aceptó y Jacob trabajó arduamente, impulsado por su amor por Raquel. Los siete años pasaron rápidamente, pues su amor por ella hacía que el tiempo volara.

Finalmente, llegó el día de la boda. Sin embargo, Labán, conocido también por su astucia, engañó a Jacob. En la oscuridad de la noche, Labán sustituyó a Raquel por su hija mayor, Lea, aprovechando que Jacob estaba ebrio. Al descubrir el engaño a la mañana siguiente, Jacob se sintió traicionado y confrontó a Labán. Labán le explicó que en su tierra no era costumbre casar a la hija menor antes que la mayor, pero le ofreció a Jacob una solución: si trabajaba otros siete años, podría casarse con Raquel.

A pesar de la decepción y el engaño, el amor de Jacob por Raquel era tan fuerte que aceptó y trabajó otros siete años más por ella. Finalmente, Jacob y Raquel se casaron, y aunque la relación entre las dos hermanas y Jacob era complicada, el amor de Jacob por Raquel nunca disminuyó.

La vida de Jacob y Raquel tuvo sus desafíos y alegrías. Ella tuvo dificultades para concebir, lo cual causó mucha tristeza en su corazón, especialmente al ver a su hermana Lea dar a luz varios hijos. Pero finalmente, Dios escuchó las oraciones de Raquel y le concedió un hijo, José, que llegaría a tener un papel crucial en la historia de Israel.

Después del nacimiento de José, Jacob decidió regresar a la tierra de sus padres, acompañado de su familia y sus rebaños. Durante el viaje, Raquel quedó nuevamente embarazada. Sin embargo, este segundo embarazo estuvo lleno de dificultades.

Cuando estaban cerca de Belén, Raquel entró en trabajo de parto. Fue un parto difícil y con mucho dolor. A pesar de los esfuerzos de las parteras, Raquel comprendió que no sobreviviría. Con su último aliento, llamó a su hijo Benoni, que significa "hijo de mi dolor". Jacob, queriendo darle un nombre más positivo, lo llamó Benjamín, que significa "hijo de mi mano derecha".

Raquel murió poco después de dar a luz y fue enterrada en el camino a Belén. Jacob, profundamente afligido, erigió una columna sobre su tumba, una señal de su amor eterno por ella. Esa columna, según la tradición, se mantuvo como un recordatorio de Raquel y su sacrificio.

La historia de Jacob y Raquel es una narración de amor profundo, paciencia y perseverancia. A pesar de los engaños, las pruebas y las tragedias, su amor perduró, dejando una marca indeleble en la historia de su familia y en la fe de su pueblo. Raquel, amada y recordada, dejó un legado a través de sus hijos, José y Benjamín, quienes desempeñaron papeles fundamentales en la continuidad del pueblo de Israel.

Entre los valores que destacan en el Amor Fileo-Storge se encuentran el sentido de pertenencia, la provisión, la protección, la lealtad, la unidad y la libertad.

El Amor Fileo-Storge, una mezcla de amistad genuina y afecto familiar, es la base sólida de las relaciones duraderas. Este amor nos enseña sobre la importancia del apoyo incondicional, el sacrificio mutuo y la unidad familiar. Al cultivar este tipo de amor, fortalecemos nuestros lazos emocionales y construimos un entorno seguro y afectuoso para todos los miembros de la familia.

Tu turno.

En el matrimonio se conjugan dos amores. ¿Podrías mencionarlos, así como sus aportes al vínculo matrimonial?

1. Amor

___

Aportación:

___

2. Amor

_____

Aportación:

_____

Aplicación.

A continuación detallo diez puntos sobre cómo puede ser aplicada la manifestación del Amor Fileo/Storge en una relación matrimonial.

1. Fomento de la Amistad en la Relación.

El Amor Fileo se manifiesta en la relación de pareja a través del desarrollo de una amistad genuina, donde ambos cónyuges se sienten cómodos compartiendo sus pensamientos, intereses y confidencias, creando una base sólida de confianza y camaradería.

2. Cuidado y Protección Mutua.

El Amor Storge en el matrimonio implica un compromiso profundo de cuidar y proteger al cónyuge, asegurándose de que cada uno se sienta seguro, apoyado y amado, especialmente en momentos de dificultad.

3. Sacrificio por el Bienestar del Otro.

El Amor Fileo/Storge se aplica en el matrimonio cuando ambos cónyuges están dispuestos a hacer sacrificios personales para garantizar el bienestar y la felicidad del otro, demostrando un amor que va más allá de las necesidades individuales.

4. Compromiso con la Unidad Familiar.

En el matrimonio, este amor fomenta la creación y mantenimiento de un hogar unido y armonioso, donde ambos cónyuges trabajan alineados para superar desafíos y construir un futuro compartido.

5. Apoyo Emocional Constante.

El Amor Fileo/Storge se aplica a través del apoyo emocional constante que los cónyuges se brindan entre sí, escuchando, comprendiendo y validando los sentimientos del otro, especialmente en momentos de estrés o inseguridad.

6. Tolerancia y Paciencia.

Este tipo de amor se manifiesta en la tolerancia y paciencia que los cónyuges muestran hacia las imperfecciones y diferencias del otro, promoviendo un ambiente de aceptación y crecimiento mutuo.

7. Lealtad y Fidelidad.

La lealtad es un componente crucial del Amor Fileo/Storge en el matrimonio, donde ambos cónyuges se mantienen fieles y comprometidos, construyendo una relación basada en la confianza mutua.

8. Celebración de Logros Conjuntos.

Este amor se expresa en la alegría compartida por los logros y éxitos del otro, ya sean grandes o pequeños, celebrando juntos cada paso en la vida y fortaleciendo su vínculo con cada triunfo.

9. Construcción de Recuerdos Comunes.

El Amor Fileo/Storge impulsa a los cónyuges a crear y valorar recuerdos compartidos, como viajes, celebraciones o momentos cotidianos, que enriquecen su historia juntos y fortalecen su relación.

10. Cultivo de la Resiliencia en la Relación.

Este amor se aplica mediante el desarrollo de una relación resiliente, donde ambos cónyuges trabajan juntos para enfrentar y superar las adversidades, manteniendo siempre el compromiso de estar juntos a pesar de los desafíos.

LA VIRTUD DEL AMOR

Preguntas guiadas.

1. ¿Cómo has sido beneficiado(a) por la manifestación del Amor Fileo/Storge y qué impacto ha tenido en tu bienestar emocional?

Conecta con tu infancia y trae al presente momento gratos de la relación de tus padres.

_____

_____

_____

_____

2. Ahora reflexiona sobre momentos no tan gratos en tu infancia por el trato y comportamiento de tus padres como pareja.

Detalla cómo la ausencia del Amor Fileo/Storge con tus padres ha impactado negativamente en tu vida actual.

_____

_____

_____

_____

3. ¿De qué manera sientes que un matrimonio se nutre y complementa mutuamente para crear una relación fuerte y fructífera?

Reflexionar sobre cómo te complementas con tu pareja te permitirá valorar la importancia de la cooperación y el apoyo mutuo.

_____

_____

_____

_____

4. Piensa en los desafíos y dificultades que has enfrentado en tu relación matrimonial y cómo lograste superar esos obstáculos y fortalecer la relación?

Detalla los obstáculos superados.

_____

_____

_____

_____

5. ¿Puedes recordar una situación en tu vida donde el amor y la lealtad jugaron un papel crucial para mantener la relación a salvo?

Recuerdas algún momento en tu vida matrimonial en donde tuviste que perseverar y hacer un sacrificio para salvar la relación.

_____

_____

_____

_____

Capítulo 6

Quinta manifestación.

EL AMOR ÁGAPE:

Amor excelso, puro e incondicional.

El Amor Ágape tiene sus raíces en la cultura y filosofía griega antigua, y es una palabra que ha sido adoptada y profundamente explorada en contextos cristianos. Ágape se refiere a un tipo de amor incondicional, altruista y sacrificado. Es un amor que se da sin esperar nada a cambio y se considera el amor más puro.

El Amor Ágape se distingue de otros tipos de amores, como el romántico *(Eros)*, el fraternal *(Philia)* y el familiar *(Storge)*. Mientras que estos amores están ligados a emociones y relaciones humanas específicas, el Ágape trasciende esos límites.

En el contexto cristiano, Ágape describe el amor que Dios tiene por la humanidad y el amor que los seres humanos deberían tener unos por otros y por Dios. Es un amor que implica misericordia, gracia, perdón y una profunda compasión por los demás, independientemente de su raza, credo, estatus social o sus acciones.

Ágape se aplica en la vida diaria a través de actos de bondad, compasión y servicio hacia los demás. Implica poner las necesidades de los otros como propias, perdonar sin restricciones y mostrar amor y respeto, incluso en situaciones difíciles. En un sentido más amplio, Ágape puede manifestarse en el compromiso con la justicia social, la ayuda a los necesitados y en el trabajo por el bienestar de la comunidad y del mundo en general.

Ágape es como la vid que generosamente nutre a sus pámpanos. Es un amor adoptivo, un amor que da vida.

El Amor Ágape se distingue por su naturaleza universal. No se limita a un solo ser, sino que abarca desde el amor a una persona hasta el amor a la creación. Este amor trasciende lo pasional y lo terrenal. Es el amor que, si es necesario, renuncia a sí mismo por la causa y el amor a Dios, sin dudar en hacerlo. No busca la gratificación propia, sino que halla su plenitud en el acto de la obediencia y el compromiso con su Creador.

Una de las historias más emblemáticas que ejemplifican el Amor Ágape en la Biblia es la del buen samaritano

LA VIRTUD DEL AMOR

(Lucas 10:25-37). Esta parábola, contada por Jesús, ilustra el amor incondicional y sacrificial que Ágape representa.

Un experto en la ley se acercó a Jesús con la intención de ponerlo a prueba.

—*Maestro, ¿qué debo hacer para heredar la vida eterna?* —le preguntó el experto.

—*¿Qué está escrito en la ley? ¿Cómo la interpretas?* —le preguntó Jesús.

—*Ama al Señor tu Dios con todo tu corazón, con toda tu alma, con todas tus fuerzas y con toda tu mente, y ama a tu prójimo como a ti mismo.*

—Has respondido correctamente —le dijo Jesús—. *Haz esto y vivirás.*

—*¿Y quién es mi prójimo?* —le preguntó el hombre a Jesús, queriendo justificarse, ante lo cual el maestro le respondió con una parábola.

—*Un hombre descendía de Jerusalén a Jericó y cayó en manos de ladrones. Le quitaron la ropa, lo golpearon y se fueron, dejándolo medio muerto. Sucedió que un sacerdote bajaba por el mismo camino; pero, al verlo, pasó de largo. Así también un levita, cuando llegó al lugar y lo vio, pasó de largo. Pero un samaritano, que iba de viaje, llegó a donde estaba el hombre y, al verlo, tuvo compasión de él. Se acercó, le vendó las heridas, echándoles aceite y vino. Luego lo puso sobre su propia cabalgadura, lo llevó a un mesón y cuidó de él. Al día siguiente, sacó dos denarios y se los dio al mesonero, diciéndole: "Cuida de él. Y lo que gastes de más, te lo pagaré cuando vuelva."*

¿Cuál de estos tres piensas que demostró ser el prójimo del hombre que cayó en manos de los ladrones? —preguntó Jesús.

—*El que tuvo misericordia de él* —respondió el experto en la ley.

—*Ve y haz tú lo mismo* —le manifestó Jesús.

Esta parábola nos ilustra sobre el Amor Ágape a través de la compasión y el cuidado del samaritano hacia un desconocido. A pesar de las diferencias culturales y religiosas, el samaritano demostró un amor incondicional y desinteresado. Este tipo de amor trasciende las barreras y se enfoca en el bienestar y la dignidad del prójimo, representando el amor más puro y sacrificial, tal como Dios nos ama.

Para una descripción más pura del Amor Ágape, conviene enfatizar en sus cualidades: un amor que no busca lo suyo, que no se enaltece, que no guarda rencor, y que todo lo soporta, porque en su esencia, Ágape es la manifestación más clara del amor de Dios hacia la humanidad.

Atributos del amor.

"El amor es paciente, es bondadoso. El amor no tiene envidia, no es jactancioso, no se envanece; no hace nada indebido, no es egoísta, no se irrita fácilmente, no guarda rencor. El amor no se deleita en la maldad, sino que se regocija con la verdad. Todo lo disculpa, todo lo cree, todo lo espera, todo lo soporta." (*1 Corintios 13:4-7, NVI*).

El amor, en todas sus formas, es el núcleo de nuestras vidas y el motor que impulsa nuestras acciones y decisiones diarias. Entre las diversas manifestaciones del amor, el Amor Ágape se destaca como la forma más pura y desinteresada de amar. Este tipo de amor, que se origina en la esencia divina, nos llama a trascender nuestros deseos y limitaciones personales para abrazar un amor más amplio y universal.

El Amor Ágape nos invita a establecer prioridades claras y profundas en nuestras relaciones, comenzando con el amor a Dios y extendiéndose a nosotros mismos, nuestras familias, nuestro prójimo y, finalmente, a toda la humanidad. Esta jerarquía del amor no pretende relegar a un segundo plano a las personas significativas en nuestras vidas, sino más bien, nos guía a encontrar un equilibrio armonioso en nuestras responsabilidades y afectos, asegurando que cada relación reciba el cuidado y la atención que merece.

Este enfoque nos remite a las prioridades del Amor Ágape, desde su génesis en lo divino hasta su expresión más amplia y universal:

1. **Amor a Dios, la fuente de vida:** Es aquí donde el Ágape encuentra su origen, su fuente y su máxima expresión.

2. **Amor propio y autoestima:** Un reconocimiento de nuestro propio valor como creación e hijos de Dios, lo cual nos permite amar genuinamente a los demás.

3. **Amor familiar:** El amor hacia la esposa(o), hijos, padres, hermanos, abuelos y otros parientes. Es el amor que se arraiga en la sangre y en los lazos compartidos.

4. **Amor al prójimo:** Este amor se extiende a nuestros benefactores, reconociendo, valorando y mostrando un profundo sentimiento de gratitud por cada bendición recibida de su parte.

5. **Amor universal:** Un amor que va más allá de lo razonable, emocional y sanguíneo, abrazando el perdón, la misericordia y la gracia, incluso hacia aquellos que nos han agraviado.

Es crucial entender que priorizar una forma de amor no implica abandonar o descuidar a los seres significativos en nuestras vidas, como a nuestros padres, o aquellas personas que han contribuido valiosamente a nuestra existencia. Más bien, se trata de equilibrar nuestras responsabilidades y nuestro cuidado, asegurándonos de que cada relación reciba la atención que merece, siempre guiados por el Amor Ágape.

A este respecto, podemos recordar la directriz de colocarse la máscara de oxígeno en un avión en caso de despresurización de la cabina: el primero en hacerlo debe ser el padre, antes de ponérsela a los niños. Esta norma, aunque contraintuitiva a primera vista, se fundamenta en la fisiología humana: el cerebro solo puede sobrevivir de 4 a 5 minutos sin oxígeno antes de sufrir daños irreparables. Si un adulto se desmaya por falta de oxígeno, se vuelve incapaz de asistir a un niño, aumentando el riesgo para ambos. Esta directriz es una medida de precaución esencial para garantizar la seguridad de todos los pasajeros.

En la Biblia también encontramos ejemplos de prioridades a la hora de amar. A Jesús le preguntaron: "Maestro, ¿cuál es el gran mandamiento?" *(Mateo 22:36-39)*.

Y Él respondió: "Amarás al Señor tu Dios con todo tu corazón, con toda tu alma y con toda tu mente. Este es el primer y gran mandamiento. Y el segundo es semejante: Amarás a tu prójimo como a ti mismo".

¿Por qué Jesús prioriza el amor a Dios y luego pone el amor al prójimo?

El conocimiento y amor hacia Dios a menudo se arraigan en la enseñanza de quienes nos rodean en la infancia, como padres, abuelos y tíos. Si una generación deja de hablar de Dios, las siguientes probablemente no lo conocerán, y mucho menos lo amarán.

Un ejemplo histórico nos recuerda cómo la fe puede ser tergiversada o perdida. Martín Lutero evangelizó a toda Alemania, llevándola al cristianismo. Sin embargo, años después, esa misma nación siguió a Adolf Hitler, abandonando y olvidándose de Dios. Mientras Lutero, con la traducción de la Biblia a lenguas vernáculas, no solo reformó profundamente la Iglesia, sino que también fortaleció la identidad nacional, Hitler, mediante su régimen totalitario, distorsionó el cristianismo para alinear su ideología, erosionando los valores cristianos en Alemania.

En cuanto al amor al prójimo, ¿quiénes son ellos? ¿Y por qué Jesús nos ordena amarlos?

Nuestro prójimo incluye a todas aquellas personas de las que hemos recibido un beneficio, ya sea material o apoyo moral, acciones que merecen nuestro eterno agradecimiento. La humildad y el agradecimiento son fáciles de manifestar en momentos de necesidad, pero pueden desvanecerse cuando las circunstancias mejoran. Jesús, por lo tanto, nos ordena amar a nuestro prójimo, subrayando la importancia de una deuda de lealtad hacia aquellos que nos han apoyado.

Reflexionando sobre el amor y respeto hacia nuestros padres, surge el interrogante: ¿Por qué Jesús no menciona como segundo mandamiento el amar a nuestros padres? ¿No debería ser así?

Consideremos cuál es el primer amor que recibimos. Es el de nuestros padres, un amor que nos envuelve incluso antes de nacer. Nuestros padres se entregan, renuncian y se sacrifican por nuestro bienestar. Nuestro amor hacia ellos no es solo una respuesta natural, sino también un reflejo del amor incondicional que hemos recibido y que, a su vez, ofrecemos.

La Biblia nos dice: "Honra a tu padre y a tu madre" (*Éxodo 20:12*), y Jesús lo reafirma en *Efesios 6:2-4*: "Honra a tu padre y madre", haciendo énfasis en la promesa inmersa en este mandamiento: "Para que te vaya bien y seas de larga vida sobre la tierra."

Ahora quisiera plantear otra pregunta: ¿Te amas a ti mismo? Y si es así, ¿hasta qué punto? Recordemos que no podemos dar lo que no tenemos, y se mendiga de lo que se carece. Amarse a uno mismo significa valorarse y cuidarse, reconociendo nuestra importancia tanto ante Dios como ante los demás. Es este mismo valor el que estamos llamados a extender a los demás, reconociéndolos como creaciones e hijos de Dios.

Reflexionando sobre el segundo mandamiento, "Amarás a tu prójimo como a ti mismo", surge una pregunta crucial: ¿A quién debemos amar primero? ¿Al prójimo o a nosotros mismos? La respuesta es clara: ¡Ámate a ti mismo primero para luego poder amar a tu prójimo de la misma manera!

"El ser humano, río que fluye en abundancia; y Dios, fuente inagotable que provee sin límites al que da generosamente": Luis Alberto Jiménez.

Recapitulando, el Amor Ágape es incondicional y desinteresado, reflejando el amor más puro y trascendental. Este tipo de amor nos conecta con algo más grande que nosotros mismos y nos enseña sobre la gracia, la misericordia y el perdón.

Tu turno.

Según la manifestación del Amor Ágape, ¿a quiénes debes dar prioridad al amar?

1.

_____

2.

_____

3.

_____

4.

_____

5.

_____

Aplicación.

A continuación, te presento una lista de diez puntos que detallan cómo puede aplicarse la manifestación del Amor Ágape en nuestra vida diaria, con el fin de enriquecer nuestra relación con Dios y la humanidad:

1. Amar a Dios por sobre todas las cosas.

Dedica tiempo cada día para orar, leer las Escrituras y reflexionar sobre la presencia de Dios en tu vida. Amar a Dios con todo tu corazón, mente y alma es la base del Amor Ágape.

2. Mostrar compasión y misericordia hacia los demás.

Practica la empatía y el perdón en tus relaciones con los demás, independientemente de sus errores o diferencias. Ayuda a aquellos que están en necesidad, sin esperar nada a cambio.

3. Practicar el perdón incondicional.

El Amor Ágape nos llama a perdonar a los demás, incluso cuando es difícil. Perdona de corazón, liberándote del rencor y permitiendo que el amor de Dios fluya a través de ti.

4. Vivir con un espíritu de servicio.

Dedica tiempo a servir a los demás, ya sea en tu comunidad, iglesia, o en el ámbito global. El servicio desinteresado es una manifestación clave del Amor Ágape.

5. Cultivar la humildad y la gratitud.

Reconoce y agradece las bendiciones en tu vida y mantén una actitud humilde. Agradece a Dios y a las personas que te rodean por su amor y apoyo.

6. Buscar la justicia y el bienestar social.

El Amor Ágape se refleja en el compromiso con la justicia social. Defiende a los oprimidos, lucha contra la injusticia y trabaja por el bienestar de toda la humanidad.

7. Amar al prójimo como a ti mismo.

Demuestra tu agradecimiento no solo a través de palabras, sino también mediante acciones concretas que reflejen el mismo amor y cuidado que has recibido. Esto puede incluir desde pequeños gestos de reconocimiento hasta un apoyo más profundo y sostenido, que honre la bondad que te fue otorgada.

8. Ser paciente y bondadoso en tus relaciones.

El Amor Ágape se manifiesta en la paciencia y la bondad. Sé paciente con los defectos de los demás y muéstrales bondad y comprensión en cada interacción.

9. Practicar el sacrificio por el bien común.

Esté dispuesto a sacrificar tus propios intereses y comodidades por el bienestar de otros. El Amor Ágape es sacrificial y busca el bien de todos, incluso a costa de uno mismo.

10. Vivir con integridad y rectitud.

El Amor Ágape implica vivir de acuerdo con los principios de Dios, actuando con integridad, honestidad y rectitud en todas tus acciones y decisiones, reflejando el amor puro y desinteresado de Dios hacia la humanidad.

Preguntas guiadas.

1. Recuerda una vez que mostraste amor incondicional hacia alguien. ¿Qué te motivó a hacerlo y cómo te sentiste después?

Reflexionar sobre tus principios y valores te ayudará a fortalecer tu capacidad para amar incondicionalmente.

_____

_____

_____

_____

2. Piensa en una persona que te haya mostrado Amor Ágape. ¿Qué aprendiste de esa persona y cómo puedes aplicar esa lección en tu vida?

Identificar modelos de amor incondicional te inspirará a seguir su ejemplo.

_____

_____

_____

_____

3. Describe una situación en la que tuviste que perdonar a alguien. ¿Qué pasos diste para alcanzar el perdón y qué impacto tuvo en tu vida?

Reflexionar sobre el proceso de perdón te ayudará a entender su importancia y beneficios.

_____

_____

_____

_____

4. ¿Cómo puedes practicar el Amor Ágape en tu comunidad o en tu entorno laboral?

Planificar acciones concretas para practicar el amor desinteresado te ayudará a integrarlo en tu vida diaria.

_____

_____

_____

_____

5. ¿Cómo se manifiesta el Amor Ágape en nuestra relación con Dios?

Reflexiona sobre cómo este amor incondicional y sacrificial puede influir en tu devoción diaria y en la manera en que honras a Dios en tu vida.

_____

_____

_____

_____

Capítulo 7

La raíz de todos los males:

EL AMOR AL DINERO.

La codicia, como un fuego que nunca se apaga, y la búsqueda incansable de riqueza, pueden cegar al ser humano ante los verdaderos valores de la vida, como las relaciones humanas. La ambición, cuando es impulsada únicamente por el deseo de riqueza, puede transformarse fácilmente en avaricia, un anhelo que obstruye el fluir de la compasión y la empatía.

"Porque raíz de todos los males es el amor al dinero, el cual codiciando algunos, se extraviaron de la fe y fueron traspasados de muchos dolores". *(1 Timoteo 6:10)*. Este versículo bíblico enfatiza que es el amor al dinero, y no el dinero en sí, lo que conduce a muchos males.

Esta verdad se refleja vívidamente en el personaje de Ebenezer Scrooge, de "Un Cuento de Navidad" de Charles Dickens. Scrooge, un hombre inicialmente consumido por su amor al dinero, vive en una constante insatisfacción, indiferente a la riqueza de las relaciones humanas y al espíritu de generosidad. No es hasta que enfrenta las consecuencias de su codicia, a través de las visiones de los fantasmas de las Navidades Pasadas, Presentes y Futuras, que comprende el vacío de su vida centrada en la abundancia material.

Ese amor al dinero es unilateral, porque el dinero no tiene la capacidad de devolver amor y lealtad. Buscar amor o validación a través del dinero es una vía segura hacia la desilusión, ya que cualquier muestra de afecto obtenida a través de la riqueza es efímera y condicional. El dinero puede comprar comodidad y lujos, pero no puede comprar el genuino amor.

El amor al dinero y la sed de riqueza material pueden llevar a un vacío emocional y espiritual. La verdadera riqueza se encuentra en las relaciones significativas, en los momentos compartidos y en la gratitud por las pequeñas alegrías de la vida. Mientras que el dinero es una necesidad en la vida moderna, su papel debe ser el de un medio, no un fin en sí mismo. El desafío reside en encontrar un equilibrio, donde la riqueza material se maneje con sabiduría y no domine el corazón ni las prioridades del amor.

LA VIRTUD DEL AMOR

Preguntas guiadas.

1. ¿Cómo influye la carencia o abundancia de dinero en tu estado emocional?

Reflexiona sobre cómo tus emociones fluctúan en diferentes situaciones financieras.

_____

_____

_____

_____

2. ¿Quiénes te enseñaron el valor del dinero y cómo influyeron en tu percepción actual?

Revisa el papel de las figuras de autoridad en tu vida y el significado emocional y material que le das hoy al dinero.

_____

_____

_____

_____

3. ¿Tu percepción de riqueza o carencia depende de cuánto dinero tienes en el banco?

Analiza tus sentimientos y emociones cuando te encuentras en situaciones de abundancia y carencia.

_____

_____

_____

_____

4. ¿Alguna vez te dijeron que vales más en la vida mientras más tienes?

Reflexiona sobre los valores que te inculcaron en tu familia, en la escuela o tus primeros amigos, y cómo estos han moldeado tus creencias sobre el dinero.

_____

_____

_____

_____

5. ¿Qué criterios utiliza la sociedad actual para medir el éxito y valorar a las personas?

Considera cómo los estándares sociales influyen en tu percepción de éxito y valor personal.

_____

_____

_____

_____

Capítulo 8

LOS PADRES:

Sembradores de amor en la familia.

El papel del padre, como figura masculina en la familia, es fundamental para el desarrollo emocional, social y moral de sus hijos. Sus cinco roles claves en el ámbito familiar son los siguientes:

1. **Protección y cuidado:** El padre es crucial para ofrecer seguridad y protección, más allá de las necesidades materiales, abarcando el bienestar emocional y psicológico de sus hijos. Su responsabilidad es crear un ambiente en el que sus hijos crezcan sin temores, sabiendo que cuentan con

un protector fiable. Este cuidado y protección se manifiestan en la vigilancia constante para asegurar que el entorno familiar sea seguro y en su disposición para defender a sus hijos de cualquier amenaza externa.

2. **Forjador de principios y valores:** El padre es un educador primordial en la vida de sus hijos, especialmente en la transmisión de principios y valores. A través de sus acciones y palabras, el padre enseña lecciones vitales sobre integridad, respeto, empatía y responsabilidad. Estos momentos de enseñanza no se limitan a situaciones formales, sino que ocurren en el día a día, a través de su ejemplo personal y la respuesta a situaciones cotidianas. Al inculcar estos valores, el padre prepara a sus hijos para enfrentarse al mundo con una sólida base moral y ética.

3. **Independencia y resiliencia:** Un aspecto esencial del rol del padre es alentar a sus hijos a ser independientes y resilientes. Esto implica enseñarles a tomar decisiones propias, afrontar las consecuencias de sus actos y superar los obstáculos con fortaleza. El padre fomenta esta independencia permitiendo que sus hijos experimenten la vida de manera segura, preparándolos desde la infancia para los retos de la vida adulta y enseñándoles a perseverar ante las adversidades.

4. **Modelo a seguir en el trato hacia las mujeres:** La forma en que el padre trata a la madre pone el primer ejemplo para sus hijos sobre respeto

y valoración hacia las mujeres. Les enseña a los hijos varones cómo deben comportarse con ellas y, a las hijas, cómo deben ser tratadas. Este comportamiento del padre crea un modelo importante para las relaciones sanas, mostrando que el amor, el respeto y el cuidado son esenciales en todo vínculo social.

5. **Forjador del carácter de sus hijos:** Finalmente, el padre desempeña un papel crucial en moldear el carácter de sus hijos. A través de la convivencia diaria, tiene la oportunidad de inculcar valores como la perseverancia, la honestidad y la compasión. Estas enseñanzas se realizan en el contexto de la vida cotidiana, a través de cómo enfrenta sus propios desafíos, celebra sus éxitos y maneja los fracasos. Este ejemplo no solo prepara a los hijos para el éxito y el fracaso, sino que también les enseña el valor del trabajo duro, la responsabilidad personal y el respeto por los demás.

En cuanto a la madre, su contribución al hogar y la formación de sus hijos abarca una amplia gama de roles, cada uno vital para el desarrollo y bienestar de los niños. Estos roles reflejan tanto las expectativas tradicionales como las capacidades únicas que las madres aportan a la familia:

1. **Forjar lazos emocionales:** La madre a menudo es vista como el corazón del hogar, proporcionando el amor incondicional, el consuelo y la seguridad emocional que ayudan a los niños a desarrollar fuertes lazos afectivos.

2. **Cuidado y educación:** Las madres juegan un papel fundamental en el cuidado básico y la educación temprana, desde enseñar habilidades de vida hasta fomentar la curiosidad y el amor por el aprendizaje.

3. **Modelo a seguir:** Como modelos a seguir, las madres influyen en las actitudes, valores y comportamientos de sus hijos, mostrando, a través de su propio ejemplo, cómo tratar a su esposo y cuidar a su familia.

4. **Transmisión de cultura y tradiciones:** Las madres desempeñan un papel clave en la transmisión de valores culturales, tradiciones familiares y creencias religiosas, enriqueciendo la identidad de sus hijos y su sentido de pertenencia.

5. **Mentora y guía:** Las madres actúan como mentoras y guías, ofreciendo consejos y orientación basados en su propia experiencia y sabiduría, apoyando a sus hijos en la toma de decisiones y en la búsqueda de sus propios caminos en la vida.

La madre es una figura inconmensurable y multifacética, difícil de resumir en cinco puntos. Ella impacta profundamente en el desarrollo emocional, físico, social y cognitivo de los niños, dejando una huella duradera en su bienestar general.

El padre, por su parte, constituye el techo y las paredes del hogar, las estructuras esenciales que lo definen. La madre representa la materia prima de la cual se forjan los elementos vitales de la familia. Ella es el cemento, el pegamento esencial que mantiene unida cada parte, asegurando la cohesión y fortaleza del conjunto.

Dada la importancia de estos roles, ¿cómo no honrar a nuestros padres? Históricamente, en muchas culturas, honrar a los padres ha sido visto como un deber moral y social, una forma de expresar gratitud por su cuidado, sacrificio y guía. Esta tradición se ha erosionado en algunos contextos contemporáneos, donde el respeto hacia los padres y la autoridad se está perdiendo.

En la Biblia, tanto en el Antiguo como en el Nuevo Testamento, encontramos el mandamiento de honrar a los padres:

"Honra a tu padre y a tu madre, para que tus días se alarguen en la tierra que Jehová tu Dios te da". *(Éxodo 20:12, RVR1960)*

"Honra a tu padre y a tu madre, que es el primer mandamiento con promesa; para que te vaya bien, y seas de larga vida sobre la tierra". (*Efesios 6:2-3, RVR1960*).

La facilidad o dificultad que las familias tienen para honrar las figuras de los padres está estrechamente relacionada con cómo afrontan los desafíos culturales de la vida moderna. Algunos de los desafíos actuales incluyen:

1. **Éxito igual a riqueza material:** La sociedad actual mide el éxito por la posesión de bienes materiales, desviando el enfoque de la realización personal y las relaciones significativas.

2. **Fama instantánea como ideal:** Las redes sociales promueven la fama rápida sobre el desarrollo de habilidades auténticas, valorando la atención por encima de la autenticidad.

3. **Obsesión por la perfección física:** Los estándares inalcanzables de belleza impulsan problemas de autoestima y minimizan la importancia de la salud mental y física.

4. **Individualismo extremo:** El enfoque excesivo en el "yo" socava el bienestar colectivo y erosiona el sentido de comunidad y empatía.

5. **Gratificación instantánea:** La cultura de la inmediatez desvaloriza la paciencia y la perseverancia, afectando la apreciación del esfuerzo y el proceso.

6. **Falta de valores familiares:** La disminución del tiempo y valor dedicados a la familia debilita los lazos y la cohesión familiar en favor de intereses individuales.

7. **Desapego de la espiritualidad:** El aumento del secularismo minimiza la importancia de la espiritualidad y los valores religiosos, debilitando los marcos éticos tradicionales.

8. **Falta de respeto por los adultos:** La falta de respeto hacia los mayores y su sabiduría compromete la transmisión de conocimiento intergeneracional.

Preguntas guiadas.

1. ¿Cómo influyeron tus padres en la formación de tus valores y principios?

Reflexiona sobre las enseñanzas y ejemplos que recibiste en tu infancia y cómo afectan tu vida actual.

_____

_____

_____

_____

2. ¿De qué manera crees que el respeto hacia tus padres influye en tu bienestar personal y familiar?

Considera la relación entre el respeto que muestras hacia tus padres y la armonía en tu hogar.

_____

_____

_____

_____

3. ¿Cómo manejas la dualidad entre las expectativas modernas de éxito y los valores familiares tradicionales?

Analiza cómo balanceas las presiones de la sociedad actual con las enseñanzas y valores que aprendiste en tu familia.

_____

_____

_____

_____

4. ¿De qué forma puedes aplicar las enseñanzas de tus padres en tu vida diaria?

Piensa en acciones concretas que puedas tomar para honrar y aplicar los valores y principios que tus padres te inculcaron.

_____

_____

_____

_____

5. ¿Qué cambios puedes hacer en tu vida para fortalecer los lazos familiares y honrar más a tus padres?

Identifica áreas en las que puedes mejorar tu relación con tus padres y fortalecer la cohesión familiar.

_____

_____

_____

_____

Capítulo 9

EL LEGADO:

Generaciones en decadencia.

La Generación de Acero.

Hay generaciones cuya fortaleza y determinación se destacan como pilares de resistencia frente a la adversidad. Nuestros padres y abuelos, conformando lo que hoy conocemos como la "Generación de Acero", son un testamento viviente de la capacidad humana para soportar y superar desafíos que parecerían imposibles.

Esta generación, forjada en el crisol de tiempos tumultuosos, enfrentó adversidades que desafían la imaginación de las generaciones actuales. Sortearon enfermedades sin el amparo de medicinas o sistemas de salud accesibles y modernos. Sobrevivieron a la escasez de alimentos, regímenes opresivos, guerras devastadoras y hambrunas que marcaron sus cuerpos y espíritus. A pesar de estas circunstancias, lograron sacar adelante a sus familias. Y no hablamos de familias pequeñas, sino de hogares de siete, doce o incluso quince hijos.

Más allá de las limitaciones de acceso a la información y a pesar de que muchos no sabían leer, poseían un doctorado en valores que parece diluirse en el tiempo. Respeto y honra hacia los mayores, lealtad, fidelidad, compromiso, responsabilidad, tenacidad y coraje eran las piedras angulares sobre las que se cimentaban sus creencias. Estos valores no solo eran palabras vacías, sino principios vivos que guiaban cada acción, cada decisión y cada sacrificio.

Su vida era un constante vaivén entre el trabajo y el hogar. El sol los encontraba en el camino hacia el trabajo, mientras que la noche los acompañaba en su regreso a casa. Vivían por y para el trabajo, no como un fin en sí mismo, sino como el medio para proveer y proteger a sus seres queridos. La pérdida de un hijo por enfermedades, hoy prevenibles, era una sombra constante en sus vidas, marcando noches de desvelo y dolor que forjaban aún más su carácter indomable.

La "Generación de Acero" no conocía el significado de renunciar. Frente a cada obstáculo, cada nueva prueba, su respuesta era una mezcla de valentía y perseverancia. No se daban por vencidos, no porque no conocieran el miedo o la desesperación, sino porque su compromiso con la familia y la vida que estaban construyendo era más fuerte que cualquier adversidad que pudiera presentarse.

Hoy miramos hacia atrás para reconocer y honrar a estos seres humanos tan extraordinarios. Su legado no es solo de supervivencia, sino de una resiliencia y un espíritu inquebrantable que continúan inspirando a las nuevas generaciones. En sus historias, encontramos la prueba de su fortaleza y el recordatorio de lo que podemos enfrentar y superar con determinación y unidad.

La Generación de Bronce: Entre el cobre y el estaño.

Somos la Generación de Bronce, descendientes directos de la Generación de Acero, o sea nuestros padres, quienes nos legaron un mundo forjado en la adversidad y el valor. Heredamos de ellos sus características y cualidades, al igual que su espíritu resiliente, modelado a través de castigos severos y una educación estricta, donde cualquier falta de respeto era corregida por nuestros padres, maestros, abuelos, tíos y todo adulto al que osábamos ofender.

Crecimos en un entorno de escasez, vistiendo ropas heredadas y rotas por necesidad y caminando descalzos, con estómagos hinchados no por el exceso de azúcares, sino por parásitos. Nuestros juguetes eran creaciones propias, con materiales como llantas viejas, varas de madera que fungían como caballos y muñecas fabricadas con retazos de tela. Aprendimos a valernos por nosotros mismos, escalando árboles en busca de frutas, viviendo la escasez de nuestros padres, pero esforzándonos para que a nuestros hijos no les faltara nada, para que no experimentaran las mismas privaciones.

En nuestro afán por proveer, consentir y complacer, dimos a nuestros hijos comodidades, lujos y placeres en abundancia. Pero no nos percatamos de que les faltamos con valores y tiempo de calidad.

La educación de nuestros hijos quedó en manos de la sociedad, las escuelas y el gobierno, mientras nosotros estábamos ocupados asegurándonos de que no les faltara nada material. En este proceso les faltó el amor, valores y la experiencia del trabajo duro. La tecnología y los juegos capturaron su atención, dejándolos demasiado ocupados para contribuir incluso con tareas simples en casa, como tirar la basura.

Cuando intentamos corregirlos, nos enfrentamos a acusaciones de maltrato. Nos dicen que vivimos en otros tiempos, buscan solo los beneficios sin asumir responsabilidades, etiquetando cualquier exigencia como abuso.

¿Es esto culpa suya?

Probablemente no. Es el resultado de nuestra propia siembra: Una siembra de tolerancia y complacencia, de no establecer límites claros y satisfacer cada capricho.

Somos la generación de bronce, una aleación de cobre y estaño, conocida por su dureza y resistencia, pero también por su capacidad para moldearse. A diferencia de nuestros padres, -la Generación de Acero, que enfrentó las adversidades con una rigidez inquebrantable- nosotros hemos sido maleables, adaptándonos a las demandas y caprichos de la nueva generación, en un mundo que a menudo invierte los valores, donde lo bueno es visto como malo y viceversa.

Vivimos en una época en la que expresar nuestras opiniones como padres o tomar acciones basadas en nuestros valores puede ser interpretado como una violación de los derechos de nuestros hijos. Nuestras creencias y fe son consideradas obsoletas, discriminatorias o inclusive erróneas. En este contexto, la Generación de Bronce se encuentra en una encrucijada, reflexionando sobre cómo hemos llegado hasta aquí.

La pregunta que les planteo es: ¿Qué legado queremos dejar para las futuras generaciones?

La Generación Z.

En la encrucijada de la era digital y la globalización, surge una generación que se enfrenta a desafíos únicos y complejos: La Generación Z, también conocida como la Generación de Cristal.

En el libro *"The Coddling of the American Mind"*, de Jonathan Haidt y Greg Lukianoff, se ofrece una profunda reflexión sobre la fragilidad psicológica que define a esta generación y se plantean preguntas fundamentales sobre su crianza, educación y desarrollo en la sociedad contemporánea.

Desde temprana edad, la Generación Z ha sido criada en un entorno donde la sobreprotección es la norma. Padres, educadores y la sociedad en general han abrazado una cultura con un enfoque excesivo en la seguridad, resguardando a los jóvenes de cualquier forma de adversidad en un intento de proteger su bienestar emocional. Sin embargo, se argumenta que esta sobreprotección constante ha dejado a la Generación Z mal equipada para enfrentar los desafíos de la vida adulta.

El concepto de "antifrágil", introducido por Nassim Taleb, arroja luz sobre esta dinámica. Así como el sistema inmunológico requiere exposición a cierto nivel de estrés para fortalecerse, se sugiere que el sistema psíquico de los individuos también necesita enfrentarse a la adversidad para desarrollarse plenamente. La sobreprotección constante impide este proceso natural de fortalecimiento, dejando a la Generación Z vulnerable ante las demandas del mundo real.

Además de la sobreprotección, se identifican otros factores que contribuyen a la fragilidad psicológica de la Generación Z. Se critica la enseñanza de confiar ciegamente en los sentimientos individuales, argumentando que esto fomenta el narcisismo y la distorsión de la realidad.

Otro aspecto preocupante es la tendencia a polarizar la sociedad entre "buenos" y "malos", deshumanizando a aquellos que piensan de manera opuesta. Esta mentalidad lleva a reacciones violentas ante opiniones divergentes, socavando el diálogo racional y amenazando los fundamentos de la democracia.

La fragilidad psicológica tiene consecuencias profundas para la Generación Z y para la sociedad en su conjunto. Al debilitar la capacidad de los individuos para enfrentar los desafíos de la vida, también se socava la sociedad al minar un sistema de principios, valores y creencias ancestrales, fomentando la intolerancia hacia opiniones racionales que los contradigan.

Es indispensable fomentar una mirada que promueva la resiliencia y la autonomía en lugar de la sobreprotección. Es crucial permitir que la Generación Z enfrente desafíos y adversidades, brindándoles la oportunidad de desarrollar las habilidades necesarias para prosperar en un mundo complejo y en constante cambio.

Desafíos de identidad y valores.

En un mundo inundado de información y expuesto a una diversidad sin precedentes de pensamientos y culturas a través de las redes y medios de comunicación, la Generación Z experimenta una notable crisis de identidad y valores. Carente de principios sólidos, construye su base sobre percepciones propias que a menudo parecen desprovistas de sentido común. La constante búsqueda de identidad, en un entorno de influencias cambiantes, puede resultar en una sensación de desarraigo o una falta de compromiso con las estructuras y normas tradicionales.

La Estructura familiar en declive.

El cambio en la percepción y valoración de la estructura familiar tradicional se manifiesta en el cuestionamiento de los roles de los padres dentro de la familia, impulsado por la influencia de agentes externos que buscan redefinir lo que constituye una familia. Aunque este fenómeno no es exclusivo de la Generación Z, se ha intensificado durante su época, generando debates sobre la erosión de los valores familiares tradicionales.

Independencia y autoexpresión.

La Generación Z se distingue por un marcado sentido de independencia y autoexpresión. Sin embargo, esta característica se enfrenta a la crítica de ser una forma de manipulación, influenciada por corrientes populares sin un filtro crítico sólido, especialmente en el contexto de las redes sociales y la cultura de masas.

Se sugiere una paradoja: una generación altamente individualista que, sin embargo, puede ser influenciada por corrientes predominantes de pensamiento sin un análisis crítico profundo, lo que degenera en una carencia de principios y valores fundamentales.

Cada generación enfrenta sus propios desafíos y críticas, y la Generación Z no es la excepción. A pesar de tener a su disposición una abundancia de recursos tecnológicos y de comunicación, la dirección que toman puede verse afectada por corrientes de pensamiento extremistas. Existe la preocupación de que esto pueda conducir a la desintegración del núcleo familiar y de sus elementos constitutivos.

Tu turno.

¿De quién es la responsabilidad de la educación de nuestros hijos?

¿De las escuelas?

¿Del gobierno?

¿De grupos minoritarios?

¿Dime, tú de quién es la responsabilidad?

_____

_____

_____

"Tiempos duros crean hombres fuertes, hombres fuertes crean buenos tiempos, buenos tiempos crean hombres débiles y hombres débiles crean tiempos duros".

Es de suma importancia reconocer el rol de los padres en la formación de generaciones sanas y robustas. La ausencia de la figura paterna puede contribuir a una falta de carácter o fragilidad emocional, así como a una menor resiliencia ante las adversidades de la vida.

Según investigaciones en psicología del desarrollo, la figura paterna juega un rol crucial en el modelado de respuestas ante desafíos y en la enseñanza de la perseverancia y fortaleza emocional, elementos fundamentales para desarrollar resiliencia y en la definición de su identidad.

La ausencia de la figura materna puede tener un impacto significativo en el desarrollo psicológico y emocional. La madre es la principal fuente de consuelo y seguridad emocional en los primeros años de vida, por lo que su ausencia puede llevar a dificultades en la formación de vínculos afectivos, en la capacidad de gestionar emociones y en la definición de su identidad.

Capítulo 10

A VIVIRLO.

La virtud del amor se prueba en el día a día.

El amor tiene un impacto profundo en nuestro bienestar emocional, psicológico y físico. A continuación, detallo cinco beneficios clave de la virtud del amor:

1. **Mejora la salud cardiovascular:** El amor y las conexiones emocionales positivas pueden reducir el estrés, lo que a su vez disminuye la presión arterial y el riesgo de enfermedades cardiovasculares. Estudios científicos han demostrado que las personas con fuertes vínculos afectivos presentan menores tasas de dolencias cardíacas.

2. **Fortalecimiento del sistema inmunológico:** El sentimiento de amor y pertenencia puede fortalecer el sistema inmunológico, haciendo que el cuerpo sea más resistente a virus y enfermedades. La sensación de bienestar y felicidad asociada al amor libera hormonas y neurotransmisores que potencian las defensas del cuerpo.

3. **Reducción del estrés y la ansiedad:** El amor, al promover un sentido de seguridad y apoyo, puede bajar significativamente los niveles de estrés y ansiedad. Esto se debe a la liberación de oxitocina, conocida como la hormona del amor, que induce sentimientos de calma y conectividad.

4. **Mejora de la salud mental y emocional:** El amor contribuye a una mayor autoestima, satisfacción y felicidad en la vida, factores clave para una salud mental robusta. Al fomentar relaciones significativas, se reduce el riesgo de depresión y se promueve una sensación general de bienestar.

5. **Longevidad:** Existen evidencias que sugieren que las personas con fuertes lazos afectivos y relaciones satisfactorias tienden a vivir más. El apoyo emocional, la reducción del estrés y una mayor estabilidad emocional asociados al amor contribuyen a una vida más larga y saludable.

La virtud del amor desempeña un papel crucial en el mantenimiento de nuestras relaciones y la mejora de nuestra salud en todas sus dimensiones. Al practicar el amor hacia nosotros mismos y hacia los demás, podemos disfrutar de beneficios significativos.

La cuestión es... ¿cómo acceder a esos beneficios?

Es una realidad inobjetable que estamos cada vez más conectados a nuestros dispositivos electrónicos, lo cual va en detrimento de nuestra interacción humana y bienestar emocional. Según estudios recientes, se estima que una persona toca su teléfono celular en promedio entre 2,617 y 5,427 veces al día, demostrando una fuerte dependencia y uso constante de estos dispositivos en la vida diaria.

A modo de contraste, ¿te atreverías a responder honestamente la siguiente pregunta?

¿Qué tan a menudo abrazas a tu esposa(o) e hijos?

¡Es cierto que puede resultar incómodo enfrentar esta realidad de esta manera!

El contacto físico con otros seres humanos es esencial para nuestro bienestar emocional y mental. Serias investigaciones han demostrado que el contacto físico, como los abrazos, los apretones de manos y las muestras de afecto, puede tener efectos positivos en nuestra salud emocional y física. Con este tipo de acciones se fortalecen las relaciones interpersonales, se reducen el estrés, la ansiedad y la depresión, mejora la salud cardiovascular, se disfruta de una sensación de pertenencia y conexión, se promueve la empatía y el apoyo mutuo, y se fomenta el desarrollo emocional y cognitivo, especialmente en niños y adolescentes.

Los abrazos desencadenan la liberación de hormonas como la oxitocina, dopamina y serotonina, asociadas con sentimientos de afecto, conexión, placer y felicidad. Además de fortalecer los lazos emocionales, los abrazos también tienen impactos positivos en la salud física, al reducir la presión arterial, disminuir el ritmo cardíaco y fortalecer el sistema inmunológico. Por lo tanto, es fundamental incorporar los abrazos en nuestra vida diaria para promover un mayor bienestar emocional y físico, tanto para nosotros como para los demás.

Manos a la obra.

Como este libro es para Vivirlo, vayamos a la práctica con un sencillo ejercicio: Abraza a alguien durante 8 segundos.

Practica este ejercicio a diario, hasta que se vuelva automático, y verás los resultados. Incorpóralo como un hábito positivo en tu vida. Todos los días, antes de salir para el trabajo o despedirte de tu pareja y tus hijos, dales un abrazo fuerte, cálido y sincero.

Al principio, pueden sorprenderse y pensar "¿Qué se habrá fumado?". Pero si continúas haciendo este ejercicio hasta que se convierta en un buen hábito, lo harás de forma automática y ellos lo esperarán ansiosamente cuando no lo reciban.

Para que así ocurra, sigue estos pasos:

- **Mantén el abrazo durante al menos ocho segundos.** Este período de tiempo es importante, ya que se ha demostrado que es lo que toma activar la liberación de oxitocina, la "hormona del amor y el apego".

- **Durante el abrazo, concéntrate en respirar profundamente y relajarte.** Deja que la sensación de conexión y afecto se desarrolle entre tú y la otra persona.

- **Después del abrazo, tómate un momento para apreciar la sensación de bienestar y conexión que experimentas.**

- **Repite este ejercicio regularmente** para fortalecer los lazos emocionales en tu familia y promover el bienestar tanto para ti como para la persona con la que compartes el abrazo.

Este ejercicio es una forma simple y efectiva de activar neurotransmisores y hormonas positivas en el cuerpo, promoviendo buenas emociones, reduciendo el estrés y fortaleciendo las relaciones interpersonales.

Entiendo que dar el primer paso para integrar más abiertamente el amor en nuestras vidas puede parecer un desafío, especialmente cuando venimos de entornos familiares donde la expresión del cariño no era común. Muchos de nosotros crecimos en hogares donde la ausencia de muestras de afecto, como los abrazos y los besos, eran la norma. Quizás observamos que nuestros padres rara vez compartían estos gestos entre ellos, lo cual pudo llevarnos a interpretar esas manifestaciones de amor como señales de debilidad.

Es comprensible que, por la época que vivieron, por su historia familiar y por las circunstancias que les tocó afrontar, las generaciones anteriores no tuvieron en cuenta los beneficios de la virtud del amor.

La neurociencia ha avanzado, brindándonos una comprensión más profunda de cómo los actos de afecto son necesarios para nuestro bienestar emocional y físico, reforzar nuestros vínculos y promover relaciones saludables y resilientes.

Hoy tenemos la oportunidad de romper esas lealtades y adoptar una perspectiva diferente hacia el amor y la expresión de afecto. Aprender a abrazar, a ofrecer palabras de apoyo y a estar presentes emocionalmente para nuestros seres queridos son pasos pequeños pero significativos hacia la construcción de un entorno cálido y compasivo, tanto para nosotros mismos como para las generaciones futuras.

Al practicar la virtud del amor con conocimiento y consciencia, desafiamos las limitaciones heredadas de nuestro pasado y abrimos la puerta a una vida más plena y conectada. Los abrazos, lejos de ser signos de debilidad, son expresiones poderosas de nuestra humanidad compartida y de nuestra capacidad para sanar y fortalecer el corazón y el alma.

Si lo anterior logró llamar tu atención y despertar el auténtico deseo de vivir la virtud del amor en tu vida diaria, da, entonces, los siguientes pasos.

1. **Conecta con lo Divino:** Utiliza el Amor Ágape como un puente hacia lo Divino, permitiéndote experimentar y compartir el amor incondicional de Dios. Esta conexión profundiza nuestra relación espiritual. Tal como dice Juan 15:5: "Porque separados de mí, ¡nada podéis hacer!" La oración, la meditación y la reflexión en las Escrituras son formas excelentes de establecer esta conexión.

2. **Escucha con empatía:** Dedica tiempo a comprender verdaderamente a quienes te rodean, escuchando sus sentimientos y puntos de vista sin emitir juicios. La empatía es un reflejo directo del Amor Ágape.

3. **Practica el perdón genuino:** Esto te permitirá liberarte de resentimientos, remordimientos y amargura. El Amor Ágape nos invita a perdonar, reconociendo nuestra propia imperfección. "Porque si no perdonas las ofensas recibidas, tampoco Dios perdonará tus pecados" *(Mateo 6:15)*.

4. **Demuestra generosidad sin límites:** Ofrece tu tiempo, recursos y energía a quienes lo necesiten. Esta generosidad refleja la naturaleza del Amor Ágape, que busca enriquecer a todos sin medida. Ten siempre presente que "el que da al pobre, a Dios presta" *(Proverbios 19:17)*.

5. **Promueve la paz y la unidad:** Sé un agente de cambio que impulsa la reconciliación y construye puentes entre las personas. El Amor Ágape nos llama a crear comunidades más compasivas y unificadas, donde prevalezca el amor a Dios y el amor mutuo.

Incorporando estas prácticas en tu vida, experimentarás una transformación personal y contribuirás al bienestar de la humanidad, viviendo y disfrutando la virtud del amor.

Reflexión final

Es importante destacar la necesidad de mantener el equilibrio en la práctica del amor, evitando la tentación de caer en los extremos. Esto es crucial porque, al desviarse, el amor deja de ser una virtud y puede transformarse en un vicio.

Una verdadera virtud se define por los valores y principios que la fundamentan. Su objetivo primordial es promover siempre el bienestar y aportar valor tanto a quien la ejerce como a quienes la reciben.

Vale advertir que un exceso de amor propio puede conducirnos al narcisismo y a la creencia de que el universo gira a nuestro alrededor. Del mismo modo, amar a otros hasta el punto de idolatrarlos nos aparta de la mirada del verdadero Dios y la enfoca en falsos ídolos.

Si constantemente buscamos la aprobación de los demás, queriendo complacer a todos, es señal de que estamos desconectados de la fuente inagotable de amor y nos sentimos necesitados de este.

Es esencial amar primero a Dios, luego a nosotros mismos y después a los demás, manteniendo siempre presente que no somos el centro del universo. Somos hijos de Dios, pero no más importantes que nuestros hermanos.

Finalmente, debemos tener cuidado de no depositar nuestro amor en cosas materiales, como el dinero. Aunque el dinero es un medio necesario, nunca debe ser nuestro fin. El amor excesivo al dinero es la raíz de todos los males y puede desviar nuestro corazón del verdadero propósito del amor.

Como decía Aristóteles, la virtud siempre se encuentra en un punto intermedio entre dos extremos viciosos: el exceso y el defecto.

La virtud: Entre el exceso y los defectos

Exceso	Defecto
Narcisismo	Baja autoestima/falta de amor propio
Posesividad/todo para mí	Desapego emocional
Obsesión	Indiferencia
Dependencia emocional	Miedo al compromiso
Idealización	Desvalorización

LA VIRTUD DEL AMOR

Celos/apropiación	Falta de celos/desinterés
Egoísmo	Sacrificio desmedido
Control/manipulación	Sumisión

Los vicios pueden entenderse como aquellos comportamientos o actitudes que se oponen directamente a las cualidades de la virtud del amor. Especialmente en el contexto del Amor Ágape, que es altruista, incondicional y sacrificado. He aquí algunos de esos vicios.

1. Egoísmo: Priorizar los propios deseos y necesidades sobre las de los demás.

2. Odio: El odio es una intensa aversión emocional dirigida hacia alguien o algo, a menudo generada por miedo, ira o heridas pasadas.

3. Envidia: Sentir resentimiento o tristeza por el bienestar o éxito de otra persona.

4. Orgullo: Mantener una alta opinión de uno mismo que impide ver las necesidades y el valor de los demás.

5. Ira: Dejar que el enojo controle las acciones hacia los demás, dañando las relaciones.

6. Codicia: Desear excesivamente y de manera insaciable bienes materiales o la posición de otros.

7. Indiferencia: Falta de interés o preocupación por el bienestar de los demás.

8. Celos: Temer perder el afecto o la posición ante otra persona, a menudo acompañado de resentimiento.

9. Amargura: Mantener resentimiento prolongado que envenena las relaciones e impide el amor genuino.

10. Mentira: Faltar a la verdad para beneficio propio o para dañar a otros, erosionando la confianza que es fundamental para el amor.

11. Manipulación: Usar a otros para beneficio propio sin consideración por su bienestar o consentimiento.

12. Intolerancia: Falta de aceptación hacia las diferencias de los demás, lo que impide amar a las personas tal como son.

Estos vicios actúan como barreras que obstruyen el desarrollo de la virtud del amor, impidiendo la manifestación de todos los beneficios que esta virtud aporta a nuestra vida.

LA VIRTUD DEL AMOR

Tu turno.

Menciona tres beneficios de practicar la Virtud del Amor.

_____

_____

_____

_____

El propósito de la Virtud del Amor es ayudarnos a modelar el carácter divino y reflejarlo en el mundo.

Reflexiona sobre lo siguiente.

1. ¿Cómo puedes manifestar el Amor Ágape en tu vida diaria para fortalecer tus relaciones y contribuir a un mundo mejor?

_____

_____

_____

_____

2. ¿Cómo puedes equilibrar la pasión y la razón en el Amor Eros para construir relaciones duraderas?

_____

_____

_____

_____

3. ¿De qué maneras puedes fortalecer tus amistades aplicando el Amor Filial, centrado en la lealtad, la comprensión y el apoyo mutuo?

_____

_____

_____

_____

LA VIRTUD DEL AMOR

4. ¿Qué beneficios aporta cultivar el Amor Storge dentro de la familia?

_____

_____

_____

_____

5. ¿Qué acciones concretas puedes tomar para mantener vivo el amor en el matrimonio a través del Amor Fileo-Storge?

_____

_____

_____

_____

6. ¿Cuál de las formas de amor presentes en tu vida necesita más desarrollo y qué pasos prácticos puedes tomar para cultivarla?

_____

_____

_____

_____

7. ¿Cómo puedes permitir que el Amor Ágape guíe tus acciones hacia el bienestar de los demás, practicando la compasión y el altruismo sin esperar nada a cambio?

_____

_____

_____

_____

LA VIRTUD DEL AMOR

8. ¿Qué lecciones importantes sobre la virtud del amor has aprendido y cómo planeas aplicarlas para construir relaciones más profundas y significativas?

_____

_____

_____

_____

Cuando amamos, nos nutrimos con la esencia misma de Dios, pues Dios es amor. Te invito a cultivar y practicar la virtud del amor no solo durante una semana, sino a lo largo de toda tu vida. Esto comienza con un compromiso diario consciente hacia actos significativos de afecto y compasión hacia ti mismo y hacia los demás *(1 Juan 4:7-8)*.

Aquí tienes una guía que te permitirá transitar ese camino.

Semana 1: La virtud del Amor

Semana 1.

Lunes a domingo.

Fecha:_____ **al**_____

Cada día representa una nueva oportunidad para cultivar y expresar amor de manera consciente y significativa hacia Dios, hacia ti y hacia los demás. Esta tabla ha sido diseñada para asistirte en tu compromiso diario y reflexión personal. Sigue estas pautas para llenarla adecuadamente:

1. **Compromiso Diario:** Al inicio de cada día, reflexiona y anota en la tabla tu compromiso específico para practicar la virtud del amor, realizando actos de amor consciente y significativo hacia la humanidad. Pregunta guía: *¿Cuál será mi compromiso consciente y significativo de amor este día?*

2. **Reflexión del Día:** Al final del día, dedica un momento para reflexionar sobre tus acciones. Anota en la tabla ¿cuál fue ese acto de amor que realizaste?, ¿cómo lo llevaste a cabo?, y ¿de qué manera contribuyó a practicar y vivir la virtud del amor?

LA VIRTUD DEL AMOR

Pregunta guía: *¿Qué acción realicé este día que me permitió practicar y vivir la virtud del amor?*

Al seguir estas instrucciones te enfocas en la práctica de la virtud del amor en tu vida diaria, a la vez que te permites una introspección profunda que favorece el crecimiento personal y espiritual.

Día de la Semana	Pregunta de la Mañana	Reflexión del Día
Lunes		
Martes		
Miércoles		
Jueves		
Viernes		
Sábado		
Domingo		

Instrucciones de Uso:

1. **Pregunta de la Mañana:** Cada día, comienza escribiendo tu compromiso consciente y significativo para practicar la virtud del amor ese día. Puedes utilizar el espacio en blanco para anotar tus pensamientos.

2. **Reflexión del Día:** Al finalizar el día, reflexiona sobre la acción más significativa que realizaste que demostró tu compromiso de practicar y vivir la virtud del amor. Escribe tu reflexión en el espacio correspondiente.

Tabla de las Virtudes.

Para monitorear tu progreso en la práctica de las virtudes, sigue los siguientes pasos:

- Si sientes que has vivido y aplicado la virtud del amor satisfactoriamente, marca ese día con un símbolo de verificación (✓).

- Si consideras que no has aplicado la virtud del amor de manera adecuada o te sientes insatisfecho con tu desempeño en un día específico, señala ese día con una marca de negación (X).

Este método te permitirá registrar de manera precisa tu avance y las áreas donde necesitas mejorar en la práctica de las virtudes.

LA VIRTUD DEL AMOR

TABLA DE EVALUACION

12 VIRTUDES		DIAS DE LA SEMANA						
SEMANA	VIRTUD	L	M	M	J	V	S	D
1	**EL AMOR**							
2	EL GOZO							
3	LA PAZ							
4	LA PACIENCIA							
5	LA BENIGNIDAD							
6	LA BONDAD							
7	LA FE							
8	LA MANSE-DUMBRE							
9	LA TEMPLANZA							
10	LA JUSTICIA							
11	LA GRATITUD							
12	LA PRUDENCIA							

LUIS ALBERTO JIMÉNEZ

Presencia eterna.

En el principio de tu ser, en silencio fui tejido,
compañero fiel desde el inicio.
En el vientre maternal, mi esencia se hacía viva,
creciendo en paralelo, una presencia divina.

En cada amanecer, previo a tu nacimiento,
como un árbol frondoso, crecía mi sentimiento.
Al recibirte en este mundo, en ti fui reflejado,
un lazo invisible, eternamente entrelazado.
En las noches largas, de llanto y desvelo,
mi consuelo invisible, tu guardián en el cielo.
En tu risa, en tu llanto, tu enojo y en tu alegría,
presente estaba yo, en cada día.

LA VIRTUD DEL AMOR

Desde tu primer paso, en cada tropezar,
como una mano amiga, te ayudaba a levantar.
En cada nuevo inicio, en cada pequeño fin,
mi esencia contigo, sin principio ni confín.

Cuando la adolescencia trajo tu primer dolor,
fui tu bálsamo, tu silencioso protector.
En el altar de la unión, en tu viaje de miel,
ahí estaba yo para volver a empezar.

Y cuando el crepúsculo de tu vida llegue a su fin,
a tu lado permaneceré, como desde el principio, sin fin.
Aunque tu presencia física se desvanezca,
y cuando llegue el momento de cruzar el umbral final,
a tu lado me hallarás, en el adiós final.
En esa partida, seré tu suave despedida,
¡y más allá, de las estrellas, seré tu bienvenida!

Atentamente,

Yo, el Amor

Luis Alberto Jiménez Ruiz

Agradecimientos

DIOS,

con su Espíritu, ha guiado cada palabra y pensamiento.

Primero que todo, mi gratitud infinita a Dios, por darme el don de la existencia y sembrar en mi corazón, a través de su Espíritu, la inquietud de transmitir su mensaje mediante las palabras escritas en este libro. Sin Su guía, nada de esto habría sido posible.

A mi madre, cuyo amor es incondicional y sacrificial, le debo mi más profundo agradecimiento. Su ejemplo de fe, sencillez y fortaleza ha sido un faro en la oscuridad y un refugio durante las tormentas más difíciles. La herencia más valiosa que he recibido de ella no es material, sino un legado de coraje y amor puro que intento honrar cada día de mi vida. Su incansable persistencia ante las adversidades es un recordatorio constante de que, con fe, todo es posible.

A mi padre, por infundirme la fuerza para no desistir, incluso cuando la faena se vuelve ardua. "No renuncies", solía decirme, palabras que se han convertido en un mantra para mí. Su devoción en ayudar y acoger al necesitado, y su valentía para persistir en los tiempos más duros, son lecciones que llevo grabadas en mi corazón. Su vida es un testimonio viviente de resiliencia, y gracias a él, soy la persona que soy hoy.

A mi esposa, mi compañera de vida, por su apoyo inquebrantable en todas las áreas de mi existencia. Ella ha sido la roca firme sobre la que he podido construir mis sueños. Su fe inamovible y su determinación para hacer realidad todo lo que se propone son una fuente constante de inspiración y fortaleza para mí. Juntos, hemos aprendido que no hay meta inalcanzable ni sueño demasiado grande cuando se tiene amor, fe y determinación. Su amor y apoyo han sido el sostén de nuestra familia y mi mayor motivación para seguir adelante.

A mis hijos, por ser la máxima expresión de amor en mi vida. Ellos son el fruto más hermoso de nuestro amor, y cada día me muestran con su ejemplo de respeto y honra, no solo hacia mí sino también hacia su madre, que el amor que hemos sembrado en ellos ha dado los frutos más preciados. Su consideración y obediencia son un tesoro invaluable y un testimonio vivo del amor que hemos compartido y cultivado como familia.

LA VIRTUD DEL AMOR

A cada uno de mis hermanos y amigos, les extiendo mi más sincero agradecimiento. Han sido hombros sobre los que he podido apoyarme, oídos que han escuchado mis preocupaciones, y paños que han secado mis lágrimas en momentos de dolor y sufrimiento. Ustedes me han enseñado el verdadero significado de la amistad, y gracias a su compañía, el camino se ha hecho más llevadero.

Y, por último, pero no menos importante, mi agradecimiento se extiende a todos mis maestros. Su paciencia y dedicación para cultivar en mí el amor al conocimiento han sido una bendición en mi vida. En mi corazón llevo de manera especial a ese maestro que, aunque su nombre se ha desvanecido de mi memoria, su impacto en mi vida perdura. Fue él quien confió en mí cuando todos los demás habían perdido la esperanza de que yo aprendiera a leer.

-*Vas a aprender a leer* -me dijo un día mi maestro de escuela, con una certeza que grabé tanto en mi mente como en lo más íntimo de mi ser. Sus palabras, llenas de fe, amor y empoderamiento, abrieron mi mente y entendimiento y se volvieron realidad cuando tenía doce años.

Reconocimientos

CONFIAD,
Yo he vencido al mundo.

En el camino de la vida, nos encontramos con personas que sirven como maestros y modelos, que aligeran nuestras cargas y hacen más amenos nuestros pasos por este mundo. Quiero mencionar a una persona que llegó en un momento crucial, mientras nuestra iglesia atravesaba un doloroso proceso de división.

Este proceso era semejante a una separación familiar, en la que los hijos se debaten entre seguir al padre o a la madre, amando a ambos por igual. En nuestro caso, se trataba de nuestra iglesia, una hermosa y majestuosa congregación conocida como *La Iglesia en el Camino*, una de las más grandes de Los Ángeles, California.

El pastor principal había decidido abandonar la iglesia por razones que no explicaré aquí, ya que no es el objetivo de esta narrativa. Su intención era formar su propia congregación, independiente de la iglesia madre anglosajona, *The Church on the Way*. Al tomar tal decisión, tres terceras partes de la congregación de *La Iglesia en el Camino* optaron por seguirlo. Nosotros, mi esposa y yo, con el corazón roto, decidimos acompañar al pastor principal en su nuevo proyecto. Sin embargo, en esta naciente iglesia no logré encajar, sintiéndome vacío y ajeno a ella.

De pronto, me encontré en medio de otra tormenta, esta vez una tormenta familiar. Asistía a la iglesia, pero me sentía devastado, como si me llevaran a la fuerza. Era consciente de que, si yo me hundía, toda mi familia se hundiría conmigo. Por lo tanto, era indispensable que me mantuviera en el barco, aun con aquellas olas que parecían querer derribarnos.

Mi esposa insistió en regresar a nuestra iglesia madre, *La Iglesia en el Camino*, pero yo me negaba porque sentía que estaba cediendo nuevamente a sus deseos, ya que ella misma me había motivado para abandonar la congregación. Finalmente, cedí ante su persistencia.

Al regresar, de inmediato noté que estábamos ante una iglesia prácticamente vacía. El dolor en mi corazón se intensificó, al pensar que había abandonado a mi iglesia cuando más nos necesitaba. Sin vacilar, decidí retornar, aunque mi corazón estaba muy lastimado por la situación de la iglesia y por el proceso que estaba atravesando en ese momento en mi vida familiar. Me sentía herido, no solo en mi corazón, sino también en mi espalda, porque, como dice el rey David, "las heridas más grandes las causaron las personas que más amaba".

Regresamos a la iglesia solo como asistentes, y no quería saber nada de servir ni siquiera de saludar a nadie.

—*Traes una cara… cambia esa cara* —me decía mi esposa al notar mi expresión al regresar.

—*¿Qué cara quieres que traiga, con todo lo que estoy pasando?* —le respondía agresivamente.

—*¿Por qué está pasando todo esto? ¿Por qué tengo que pasar yo por todo esto?* —le pregunté un día a Dios.

Siendo antes un frecuente lector de la Biblia, reconozco que en ese momento había dejado de hacerlo. Sin embargo, Dios avivó mi memoria con varios pasajes bíblicos, aunque solo mencionaré algunos. No escuché ninguna voz, simplemente los versículos aparecieron en mi mente:

"En el mundo tendréis aflicción; pero confiad, yo he vencido al mundo". (*Juan 16:33, RVR1960*).

También proyectó en mi mente la vida de José, el hijo amado de Jacob, vendido como esclavo, falsamente acusado y encarcelado, quien, después de un largo proceso, fue exaltado junto al faraón.

Dios me hizo comprender que, aunque el temperamento de una persona es el resultado de una herencia genética, el carácter, en cambio, se forja a través de las pruebas y adversidades. Las plantas pueden crecer rápidamente, pero cuando llegan los vientos fuertes, son arrasadas y se pierde su cosecha. En cambio, los robles se fortalecen, se hacen más robustos con los vientos, crecen hasta el cielo y viven muchos años.

En mi regreso, el primer mensaje que escuché fue: "Sanando las heridas del corazón", impartido por el Pastor Frank Nuño, quien había sido enviado temporalmente a nuestra iglesia. Quiero agradecer especialmente al Pastor Frank Nuño, por haber tomado el timón de nuestro barco durante los momentos más críticos que esta iglesia ha atravesado, incluyendo la crisis desencadenada posteriormente por el coronavirus.

El Pastor Frank Nuño decidió quedarse y luchar contra viento y marea para llevar adelante a *La Iglesia en el Camino*, logrando restaurar la majestuosidad que hoy vemos nuevamente. Quien no ha vivido este proceso, no puede comprender todo lo que hemos tenido que enfrentar.

Gracias, Pastor Frank Nuño, por su amor, compromiso y pasión por esta congregación.

También quiero hacer un reconocimiento muy especial al Pastor Jorge Rodríguez. Cuando todos los demás pastores abandonaron el barco de *La Iglesia en el Camino*, él decidió no saltar a los botes salvavidas, pues aún quedaban vidas a bordo. Optó por quedarse, diciendo que, si el barco se hundía, él se hundiría con él, pero no abandonaría a los que se habían quedado.

Gracias, Pastor Jorge, por su amor a Dios, a la obra, y por su determinación de continuar hasta hoy.

Quiero reconocer a un hombre que, mientras nosotros deambulábamos por la iglesia sin pertenecer a ningún equipo de servidores, nos dio la oportunidad. Me refiero a José Contreras y a su esposa, Cecilia Contreras, quienes vieron en mi esposa el potencial de líder y nos invitaron a trabajar. Aunque en ese momento decidí solo apoyar a mi esposa, ellos nos abrieron las puertas para que pudiéramos entrar y desarrollarnos en el liderazgo de esta institución.

Otra figura esencial en nuestro crecimiento y desarrollo dentro de *La Iglesia en el Camino* ha sido el Pastor Jacobo Amado. Él extendió su mano acogedora, brindándonos aliento y apoyo en nuestro camino para convertirnos en líderes dentro de la comunidad. El Pastor Jacobo Amado no solo es nuestro guía y mentor, sino también un destacado ejemplo de carácter y eficiencia. Ha sido el trampolín que nos ha impulsado a ascender y nos ha brindado valiosas oportunidades para crecer y desarrollarnos dentro de esta hermosa institución cristiana.

Muchas gracias, Pastor Jacobo Amado, por su inquebrantable apoyo, dedicación y confianza.

El autor

EXCELENCIA
y crecimiento continuo

Luis Alberto Jiménez es profesor con formación en Ciencias de la Educación y especialización en Informática. A lo largo de su carrera, ha acumulado una amplia experiencia en el ámbito educativo, trabajando tanto en instituciones públicas como privadas.

Además, es un apasionado entrenador de coaching de transformación personal, área en la que ha logrado integrar sus estudios en Teología, Life Coaching, Coaching Ontológico y Neurociencia para ofrecer un enfoque auténtico y efectivo en el desarrollo personal de sus estudiantes.

Con un compromiso firme hacia el crecimiento continuo y la excelencia en la educación, Luis Alberto Jiménez tiene como propósito de vida inspirar a las personas a generar cambios positivos en sus vidas, conduciéndolas a desarrollar al máximo su potencial.

Anexo

RECURSOS

Para mi éxito. Propuesta de negocio de RPME

Recursos Para Mi Éxito (RPME) es una institución con fines educativos dedicada a desarrollar e implementar programas, talleres, cursos, certificaciones y diplomados, entre otros servicios. Su misión es capacitar y promover el desarrollo integral de la comunidad hispana adulta en Estados Unidos y Latinoamérica.

Propuesta de negocio.

Uno de los primeros programas a implementar es el "TALLER DE LAS 12 VIRTUDES PARA UNA VIDA

PLENA Y ABUNDANTE", el cual es certificado y consta de dos etapas.

Etapa 1

1. Taller vivencial intensivo (TVI12V): Este taller es de dos días, con sesiones extraordinarias, viernes y sábados, de 9:00 a.m. a 5:00 p.m. Durante este intensivo, se estudian a profundidad las doce virtudes mencionadas en el título del taller. Cada virtud es expuesta y desarrollada en profundidad, destacando sus beneficios y su aplicación práctica en la vida diaria de cada persona.

Durante este vivencial se desarrolla un programa con ejercicios prácticos e interactivos que permiten a los participantes conocer y aplicar las 12 virtudes en su vida diaria de manera efectiva.

Al final del intensivo se otorga el certificado **Taller Vivencial Intensivo de "Las 12 virtudes para una vida plena y abundante"**.

Etapa 2

2. Programa de 12 Semanas: El objetivo de esta segunda etapa es aplicar e incorporar, cada semana, una virtud a nuestras vidas. Se conforma un grupo de doce practicantes, y cada uno expondrá una virtud cada primer día de la semana.

Por ejemplo, en la primera semana se desarrolla El Amor, virtud que será expuesta por un integrante y durante toda la semana los asistentes la aplicarán en su vida cotidiana.

- **Semana 1:** Nos enfocamos en la primera virtud, comprometiéndonos a vivirla y aplicarla en nuestra vida diaria.

- **Semana 2:** Implementamos la segunda virtud mientras continuamos practicando la primera.

- **Semana 3:** Incorporamos la tercera virtud y la practicamos junto con las dos virtudes anteriores.

Este proceso se repite cada semana, añadiendo una nueva virtud a nuestro enfoque diario, hasta que todas las doce virtudes formen parte integral de nuestra vida diaria. De esta manera, los participantes aprenden a vivir de acuerdo con estas virtudes de manera sostenible y efectiva, promoviendo un desarrollo personal de una vida plena y abundante.

Una vez finalizado el programa de 12 semanas y el taller intensivo presencial de dos días, se otorgará un certificado que acredita al participante como **"Facilitador de las 12 virtudes"**.

Este enfoque integral asegura que los participantes no solo comprendan teóricamente cada virtud, sino que también aprendan a incorporarlas activamente en su rutina diaria, promoviendo así una vida más plena y equilibrada.

Beneficios de esta certificación.

- **Charlas y conferencias:** Como practicante y facilitador de "Las 12 virtudes para una vida plena y abundante", podrás ofrecer charlas y conferencias sobre el tema de las 12 virtudes, compartiendo tus conocimientos y experiencias vividas.

- **Certificado de asistencia:** En tu rol de facilitador, podrás otorgar certificados de asistencia a los participantes de tus charlas y talleres. Sin embargo, para poder certificar a otros como "Facilitador de las 12 virtudes", es necesario estar avalado y registrado como entrenador con RPME.

Nota Importante.

A la fecha de esta primera edición de **La virtud del Amor**, el taller intensivo vivencial solo se impartirá en California. Las personas que residan fuera de Estados Unidos podrán asistir siempre y cuando tengan visa para entrar al país.

Oportunidades de RPME.

RPME te brindará múltiples oportunidades de crecimiento, tanto en desarrollo integral como en desarrollo intelectual y financiero.

Posiciones disponibles:

1. **FC** (Facilitador Certificado).

>   - **Descripción:** Podrás impartir charlas y conferencias como facilitador una vez aprobado y autorizado por RPME.

>   - **Requisitos:** Completar el programa de las 12 semanas y el taller vivencial intensivo presencial de dos días.

2. **TF (Trainer Facilitador).**

   - **Descripción:** Podrás capacitar a los aspirantes a facilitadores certificados (AFC) de las 12 virtudes, después de ser entrenado y autorizado por RPME.

   - **Beneficios:** Podrás otorgar certificados de "Facilitador de las 12 virtudes" e impartir charlas y conferencias. Recibirás un porcentaje por ser entrenador. Se definirá posteriormente el porcentaje.

3. **TDTA (Trainer de Trainer Afiliado).**

   - **Descripción:** Esta posición te otorga el beneficio de ser entrenador de entrenadores, permitiéndote establecer tu propia sede filial de RPME.

   - **Beneficios:** Ganancias que podrían alcanzar hasta el 60% para tu empresa afiliada.

Información Adicional.

- **Precios y Bonificaciones para los asociados:** Los precios de los talleres y las bonificaciones se darán a conocer a través de una conferencia presencial. Para asistir, será necesario registrarse con anticipación.

- **Ubicación de la conferencia:** La conferencia se llevará a cabo en Los Ángeles, California, EE. UU. en un lugar por definirse.

RPME se compromete a ofrecerte una plataforma sólida para tu crecimiento profesional y personal, proporcionando las herramientas y el apoyo necesarios para que alcances el éxito en cada una de estas posiciones.

Información y Actualizaciones.

Las fechas de los talleres se darán a conocer a través de nuestras plataformas en Facebook, YouTube y en nuestra página web (www.vidaplenayabundante.com). El nombre bajo el cual se identificarán estas plataformas será "Vida Plena y Abundante".

Nota: Este proyecto será lanzado oficialmente el sábado 1 de marzo 2025. Esta fecha es tentativa, o sea que está sujeta a cambios. Sin embargo, trataremos de apegarnos a ella.

Atentamente:

Luis Alberto Jiménez

Presidente y fundador de RPME.

EMPRESAS Y PROGRAMAS

Recursos Para Mi Éxito (RPME): Es una institución dedicada a desarrollar e implementar programas, talleres, cursos, certificaciones y diplomados para el crecimiento profesional y personal de estudiantes y afiliados.

Facultad Coaching de la Plenitud (FCP): Es una institución dedicada a la formación de profesionales en el ámbito del coaching, ofreciendo programas de diplomado en cuatro áreas especializadas: Life Coaching, Coaching Ontológico, Neurocoaching y Coaching Teológico. Todo dentro de un diplomado integrar denominado **COACHING DE LA PLENITUD.**

Células de aprendizaje y desarrollo integral "CADI": Centro dedicados a promover el desarrollo profesional de cada estudiante.

Próximo libro

LA VIRTUD DEL GOZO

Al final de un viaje transformador a través de La Virtud del Amor, te invito a sumergirte aún más profundamente en el descubrimiento de las riquezas del espíritu con mi próximo tesoro: **La Virtud del Gozo**. Esta es la segunda obra de la colección *Las Doce Virtudes para una Vida Plena y Abundante*.

Este libro es una invitación a explorar cómo el gozo, esa chispa divina dentro de cada uno de nosotros, puede ser cultivado y sostenido contra viento y marea. En un mundo que a menudo nos tienta a buscar la felicidad en placeres efímeros y satisfacciones superficiales, **La Virtud del Gozo** ofrece una brújula para descubrir un deleite más profundo, duradero y, sobre todo, inquebrantable.

Prepárate para una travesía hacia el corazón mismo de tu ser, donde el gozo espera ser descubierto y, sobre todo, vivido plenamente. Este es el viaje que mereces, hacia un gozo que no depende de las circunstancias, sino que florece desde dentro, guiándote hacia una vida de verdadera plenitud.

Bibliografía

Los cuatro amores - C.S. Lewis.

Las virtudes fundamentales - Josef Pieper.

El cerebro y la inteligencia emocional - Daniel Goleman.

Neurociencia del coaching - Isabel Sousa y David Gómez.

Coaching ontológico: Transformación y liderazgo - Rafael Echeverría.

La Biblia (Reina-Valera 1960).

Biblia de Estudio Plenitud – Zondervan.

Biblia Nueva Versión Internacional (NVI).

La Biblia de las Américas - Editorial Lockman.

Inteligencia emocional - Daniel Goleman.

Los 5 lenguajes del amor - Gary Chapman.

Vicios y Virtudes - Alejandro Ortega Trillo.

Made in the USA
Columbia, SC
17 September 2024